全国计算机技术与软件专业技术资格(水平)考试辅导用书

信息系统项目管理师
考试论文指导

全国计算机专业技术资格考试办公室 推荐

李振华 主编

清华大学出版社
北京

内 容 简 介

本书按照人力资源和社会保障部、工业和信息化部全国计算机技术与软件专业技术资格（水平）考试高级资格的信息系统项目管理师的论文考试要求编写。

本书由"论文指南"、"论文指导"及"论文指引"三部分组成，实现论文考试写作的入门、进阶与提高。通过解读信息系统项目管理师论文考试大纲、分析论文写作要求；解析信息系统项目管理师论文试题、考察历年论文真题命题趋势与要点；理清信息系统项目管理师论文写作的逻辑思路，明了论文写作的标准格式与套路，实现对论文考试的"指南"、"指导"及"指引"，促使考生在考试过程中结合自身的信息系统项目管理实践撰写出合格乃至高分的论文。

本书既可作为信息系统项目管理师（高级资格）的论文考试指导用书及信息系统管理相关中级资格考试（信息系统管理工程师、系统集成项目管理工程师）之后进一步深造的学习指导用书，同时也可作为信息系统管理人员的学习参考用书。

本书扉页为防伪页，封面贴有清华大学出版社防伪标签，无标签者不得销售。
版权所有，侵权必究。举报：010-62782989，beiqinquan@tup.tsinghua.edu.cn。

图书在版编目（CIP）数据

信息系统项目管理师考试论文指导/李振华主编.—北京：清华大学出版社，2015（2025.6重印）
（全国计算机技术与软件专业技术资格（水平）考试辅导用书）
ISBN 978-7-302-38348-2

Ⅰ.①信… Ⅱ.①李… Ⅲ.①信息系统－项目管理－工程技术人员－资格考试－自学参考资料 Ⅳ.①G202

中国版本图书馆 CIP 数据核字（2014）第 243375 号

责任编辑：闫红梅　薛　阳
封面设计：傅瑞学
责任校对：梁　毅
责任印制：曹婉颖

出版发行：清华大学出版社
网　　址：https://www.tup.com.cn，https://www.wqxuetang.com
地　　址：北京清华大学学研大厦 A 座
邮　　编：100084
社 总 机：010-83470000
邮　　购：010-62786544
投稿与读者服务：010-62776969，c-service@tup.tsinghua.edu.cn
质量反馈：010-62772015，zhiliang@tup.tsinghua.edu.cn
课件下载：https://www.tup.com.cn，010-83470236

印 装 者：北京同文印刷有限责任公司
经　　销：全国新华书店
开　　本：185mm×230mm　　印　张：11　　插　页：1　　字　数：256千字
版　　次：2015 年 2 月第 1 版　　印　次：2025 年 6 月第 32 次印刷
印　　数：133701～136700
定　　价：29.00 元

产品编号：053206-01

前　言

软考 20 年以来，累计报名考生人数已经超过 300 万人，从 2004 年开始实施新的考试政策后，考试规模又得到了迅猛发展，年报名考生人数已经超过了 30 万人。其中，高级资格考试(信息系统项目管理师、系统分析师等)一直都是考生追捧的热门报名考试，而在高级资格考试中超过 66% 以上的考生报考的是信息系统项目管理师考试。

根据原人事部、信息产业部文件(国人部发[2003]39 号)，计算机软件考试纳入全国专业技术人员职业资格证书制度的统一规划。通过考试获得证书的人员，表明其已具备从事相应专业岗位工作的水平和能力，用人单位可根据工作需要从获得证书的人员中择优聘任具有相应专业技术职务(技术员、助理工程师、工程师、高级工程师)的人员。计算机专业技术资格(水平)实施全国统一考试后，不再进行计算机技术与软件相应专业和级别的专业技术职务任职资格评审工作。因此，这种考试既是职业资格考试，又是职称资格考试。

据计算机软件资格考试研究部调研显示，信息系统项目管理师考试作为高级级别的计算机软件考试，其报考考生较多。但是合格率较低，特别是在下午论文考试中，信息系统项目管理师的论文科目合格率明显低于其他高级资格考试。信息系统项目管理师的论文科目的合格率比系统分析师的论文科目低了 3.2%，比系统架构设计师的论文科目低了 4.5%，比网络规划设计师的论文科目低了 3.9%。由这些数据可知，广大考生在应对信息系统项目管理师的论文科目考试时困难较大，普遍认为信息系统项目管理师考试缺乏适用的论文指导。

正是考虑了上述的事实，本书重点集中于指导考生撰写合格的信息系统项目管理师考试的论文。通过解读信息系统项目管理师论文考试大纲、分析论文写作要求，解析信息系统项目管理师论文试题、考察历年论文真题趋势，理清信息系统项目管理师论文写作的逻辑思路，明了论文写作的标准格式与套路，实现对论文考试的"指南"、"指导"及"指引"，促使考生在考试过程中结合自身的信息系统项目管理实践撰写出合格乃至高分的论文。

《信息系统项目管理师考试论文指导教程》既可作为信息系统项目管理师(高级资格)的论文考试指导用书及信息系统管理相关中级资格考试(信息系统管理工程师、系统集成项目管理工程师)之后进一步深造的学习指导用书，同时也可作为信息系统管理人员的学习参考用书。

在本书出版之际，要特别感谢清华大学出版社在本书的出版过程中给予的支持和帮助。本书在编写过程中，引用了历年考试试题，参考了许多相关的书籍和资料，编者在此对这些参考文献的作者表示真诚的感谢。

由于编者学识有限,书中难免有不妥之处,诚挚地希望专家和读者批评、指正和帮助,以便改进和提高。

最后,祝愿各位考生顺利通过信息系统项目管理师考试!

祝愿我国的计算机技术与软件产业不断出现新的腾飞点!

李振华

浙江商业职业技术学院

2014 年 6 月

目 录

第一部分 信息系统项目管理师论文考试写作指南

第1章 信息系统项目管理师考试论文写作要求 …… 3
- 1.1 考试大纲对论文的要求 …… 3
- 1.2 论文考试评分参考标准 …… 6

第2章 信息系统项目管理师考试论文写作技巧与经验 …… 8
- 2.1 论文的格式与写作技巧 …… 8
- 2.2 论文考试写作经验 …… 10

第二部分 信息系统项目管理师论文写作指导

第3章 信息系统项目管理论文写作指导 …… 15
- 3.1 概述 …… 15
- 3.2 项目整体管理 …… 16
  - 3.2.1 理论基础 …… 16
  - 3.2.2 论文指导 …… 18
- 3.3 项目范围管理 …… 27
  - 3.3.1 理论基础 …… 27
  - 3.3.2 论文指导 …… 31
- 3.4 项目成本管理 …… 38
  - 3.4.1 理论基础 …… 38
  - 3.4.2 论文指导 …… 42
- 3.5 项目质量管理 …… 51
  - 3.5.1 理论基础 …… 51
  - 3.5.2 论文指导 …… 55
- 3.6 项目人力资源管理 …… 67
  - 3.6.1 理论基础 …… 67
  - 3.6.2 论文指导 …… 71
- 3.7 项目沟通管理 …… 74
  - 3.7.1 理论基础 …… 74
  - 3.7.2 论文指导 …… 77
- 3.8 项目采购管理 …… 83
  - 3.8.1 理论基础 …… 83
  - 3.8.2 论文指导 …… 86
- 3.9 项目风险管理 …… 88
  - 3.9.1 理论基础 …… 88
  - 3.9.2 论文指导 …… 90
- 3.10 项目可行性研究 …… 98
  - 3.10.1 理论基础 …… 98
  - 3.10.2 论文指导 …… 100
- 3.11 项目需求管理 …… 104
  - 3.11.1 理论基础 …… 104
  - 3.11.2 论文指导 …… 105
- 3.12 要点总结 …… 107
  - 3.12.1 论文试题分布情况 …… 107
  - 3.12.2 考查重点与分级 …… 108
  - 3.12.3 项目管理过程组与知识领域关系 …… 108

第4章 信息安全论文写作指导 …… 110
- 4.1 概述 …… 110
- 4.2 信息安全 …… 111
  - 4.2.1 理论基础 …… 111
  - 4.2.2 论文指导 …… 116
- 4.3 要点总结 …… 119
  - 4.3.1 论文试题分布表 …… 119
  - 4.3.2 考查重点与分级 …… 119

第5章 大型、复杂信息系统项目和多项目的管理论文写作指导 …… 120
- 5.1 概述 …… 120

5.2 大型、复杂信息系统项目和
多项目的管理 ………………… 121
  5.2.1 理论基础 ………………… 121
  5.2.2 论文指导 ………………… 123
5.3 要点总结 ……………………… 137
  5.3.1 论文试题分布表 ………… 137
  5.3.2 考查重点与分级 ………… 137

第 6 章 项目绩效考核与绩效管理论文写作指导 …………………… 138

6.1 概述 …………………………… 138
6.2 项目绩效考核与绩效管理 …… 139
  6.2.1 理论基础 ………………… 139
  6.2.2 论文指导 ………………… 142
6.3 要点总结 ……………………… 145
  6.3.1 论文试题分布表 ………… 145
  6.3.2 考查重点与分级 ………… 146

第三部分 信息系统项目管理师论文写作指引

第 7 章 信息系统项目管理论文写作指引 …………………… 149

7.1 备考素材 ……………………… 149
7.2 论文范例写作指引 …………… 151
7.3 要点总结 ……………………… 154

第 8 章 大型、复杂信息系统项目和多项目的管理论文写作指引 …… 155

8.1 备考素材 ……………………… 155
8.2 论文范例写作指引 …………… 157
8.3 要点总结 ……………………… 159

附录 A 信息系统项目管理师论文考试大纲 ………………………… 161

附录 B 信息系统项目管理师论文考试题目(2005—2013) ……… 163

附录 C 信息系统项目管理师论文考试答题纸样式 ……………… 165

后记 …………………………………… 166

参考文献 ……………………………… 168

第一部分

信息系统项目管理师论文考试写作指南

第1章 信息系统项目管理师考试论文写作要求

1.1 考试大纲对论文的要求

计算机技术与软件专业技术资格(水平)考试(简称计算机软件考试)是原中国计算机软件专业技术资格和水平考试(简称软件考试)的完善与发展,它是由国家人力资源和社会保障部、工业和信息化部领导下的国家级考试,其目的是科学、公正地对全国计算机与软件专业技术人员进行职业资格、专业技术资格认定和专业技术水平测试。

根据原人事部、信息产业部文件(国人部发[2003]39号),计算机软件考试纳入全国专业技术人员职业资格证书制度的统一规划。通过考试获得证书的人员,表明其已具备从事相应专业岗位工作的水平和能力,用人单位可根据工作需要从获得证书的人员中择优聘任具有相应的专业技术职务(技术员、助理工程师、工程师、高级工程师)的人员。计算机专业技术资格(水平)实施全国统一考试后,不再进行计算机技术与软件相应专业和级别的专业技术职务任职资格评审工作。因此,这种考试既是职业资格考试,又是职称资格考试。

据计算机软件资格考试研究部调研显示,信息系统项目管理师考试作为高级级别的计算机软件考试,其报考考生较多。但是合格率较低,特别是在论文考试中,信息系统项目管理师的论文科目合格率明显低于其他高级资格考试。信息系统项目管理师的论文科目的合格率比系统分析师的论文科目的合格率低了3.2%,比系统架构设计师的论文科目的合格率低了4.5%,比网络规划设计师的论文科目的合格率低了3.9%。由这些数据可知,广大考生在应对信息系统项目管理师的论文科目考试时困难较大,普遍认为信息系统项目管理师考试缺乏适用的论文指导。

信息系统项目管理师考试实行全国统一命题,命题范围以考试大纲为准。尽管考试大纲这本书看起来很薄,但是很有必要研习考试大纲,理解大纲说明,吃透大纲精髓。

信息系统项目管理师考试大纲对该考试作出了较为详细的解释说明。通过本考试的合格人员能够掌握信息系统项目管理的知识体系,具备管理大型、复杂信息系统项目和多项目的经验和能力,能根据需求组织制订可行的项目管理计划;能够组织项目实施,对项目的人员、资金、设备、进度和质量等进行管理,并能根据实际情况及时做出调整,系统地监督项目实施过程的绩效,保证项目在一定的约束条件下达到既定的项目目标;能分析和评估项目管理计划和成果;能在项目管理进展的早期发现问题,并有预防问题的措施;能协调信息系统项目所涉及的相关人员;具有高级工程师的实际工作能力和业务水平。

信息系统项目管理考试共设置了三门考试科目,分别是上午的信息系统项目管理综合知识,下午的信息系统项目管理案例分析和信息系统项目管理论文。一般而言,下午的案例分析考试在 15 点完成后,间隔 20 分钟后就开始论文考试。论文考试紧接着案例分析考试开考,论文的考试时间为 120 分钟,考试的形式为笔试。大多数考生认为,下午进行两门科目的考试,对体力和脑力是极大的挑战。论文考试则是在最疲乏的时候进行的最紧张的考试。有不少考生在上午综合知识和下午案例分析中表现优秀,但是没有在最后关头咬紧牙关坚持住,最后功亏一篑。考试后查询考试分数的时候,扼腕痛惜,悔不当初。信息系统项目管理师考试的科目时间安排如图 1.1 所示。

信息系统项目管理考试的论文试题要求根据试卷上给出的与项目管理有关的论文题目,选择其中一个,按照规定的要求写论文和摘要。通常,论文试题都是从给定的两个论文题目中,选择其中一个题目,按照规定的要求写论文和摘要。论文涉及的类别(即论文知识模块,如图 1.2 所示)如下。

图 1.1　信息系统项目管理师考试的科目时间安排

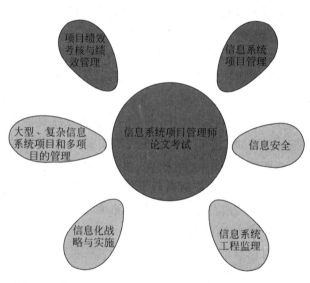

图 1.2　信息系统项目管理师论文考试涉及的知识模块

(1) 信息系统项目管理:
- 项目选择;
- 可行性分析;
- 项目全生命周期流程管理;
- 项目的整体、范围、进度、成本、质量、人力资源、沟通、风险和采购管理;
- 项目评估;
- 企业级信息系统项目管理体系的建立;
- 项目中的质量管理与企业质量管理异同分析。

(2) 信息安全：
- 信息安全体系；
- 信息安全体系的安全风险评估；
- 企业信息安全策略。

(3) 信息系统工程监理：
- 监理的方法和工作流程；
- 监理的机构及监理工程师；
- 监理中的质量、投资、进度和变更控制；
- 监理中的合同管理、信息管理和安全管理；
- 监理中的组织协调。

(4) 信息化战略与实施：
- 企业建设信息化系统的过程；
- 信息化系统建设过程中的常见问题；
- 新技术对信息化建设的影响；
- CIO 在信息化建设过程中的作用；
- 信息化建设；
- 不同类型信息化建设过程中的差异；
- 电子政务建设；
- 企业自身管理成熟度对企业信息化建设的影响。

(5) 大型、复杂信息系统项目和多项目的管理：
- 计划管理；
- 跟踪和控制管理；
- 范围管理；
- 资源管理；
- 协作管理。

(6) 项目绩效考核与绩效管理：
- 团队绩效与项目绩效的关系；
- 绩效评估方法；
- 项目绩效指标设计；
- 绩效改进。

从实际的考试情况来看，2～4 这三个部分一般不考，其理由主要是：信息安全部分与高级级别的网络规划设计师考试、中级级别的网络工程师考试关系较大，信息系统工程监理部分与中级级别的信息系统监理师考试关系较大，信息化战略与实施部分与中级级别的信息系统管理工程师考试关系较大。相关的试题在与其关系较大的级别考试中出现更合适，出现概率也较大，因此在信息系统项目管理师考试的论文中一般不会出现。

从历年实际考试的试题来看，所考查的内容主要集中在 1、5、6 这三个部分上面，即信息系统项目管理,大型、复杂信息系统项目和多项目的管理,项目绩效考核与绩效管理等部分。大型、复杂信息系统项目和多项目的管理则是信息系统项目管理师论文考试的重中之重。

1.2 论文考试评分参考标准

按照普遍考生的考试习惯,大多数考生拿到试卷后,都会急着看试题描述。例如,2013年上半年(5月份)的论文试题:论文试题1为"论大型复杂项目的风险管理",论文试题2为"论大型复杂项目的沟通管理"。两个试题都是论大型信息系统项目,体现出作为(准)高级项目经理的信息系统项目管理师考试越来越注重对大型、复杂项目的管理与学习。但是,千万不要忽视、略过,甚至忘记阅读试卷开头的考试说明的内容。这些内容主要包括试卷满分为75分,试题号栏内要画圈表示所选答的试题号,摘要和正文的字数要求等。这些是考试的基本要求,如果不符合这些要求,即使论文写得再好,也是不会得到理想的分数的。

根据考试说明的内容,首先需要熟悉信息系统项目管理师考试各科目的总分与各档分数线,了解论文考试得分评判的标准,帮助考生做到心中有数,有策略地得分。

1. 总分与各档分数线

信息系统项目管理师考试的各科总分均为75分,即论文总分是75分。论文试题评分等级可以分为优良、及格与不及格三个档次。评分的分数档次具体可划分为:

(1) 60分至75分为优良(相当于百分制中的80分至100分)。

(2) 45分至59分为及格(相当于百分制中的60分至79分)。

(3) 0分至44分为不及格(相当于百分制中的0分至59分)。

具体在评分时,可以先用百分制进行评分,然后折算为75分为满分的分数。

2. 评分的标准

具体评分时,参照每一个试题相应的"解答要点"中提出的要求,对照下述五个方面进行评分。

(1) 切合题意(30%)。无论是技术论文、理论论文或实践论文,都需要切合解答要点中的一个主要方面或者多个方面进行论述。可分为非常切合、较好地切合与基本上切合三档。

(2) 应用深度与水平(20%)。可分为很强的、较强的、一般的、较差的独立工作能力四档。

(3) 实践性(20%)。可以分为如下四档:

- 有大量实践和深入的专业级水平与体会。
- 有良好的实践与切身体会和经历。
- 有一般的实践与基本合适的体会。
- 有初步实践与比较肤浅的体会。

(4) 表达能力(15%)。可以从是否逻辑清晰、表达严谨、文字流畅和条理分明等区分为三档。

(5) 综合能力与分析能力(15%)。可以分为很强、比较强和一般三档。

3. 可扣分的论文情况

下述情况的论文,需要适当扣分,可考虑扣 5～10 分。

(1) 摘要应控制在 200～400 字的范围内,凡是没有写论文摘要,或摘要过于简略,或摘要中没有实质性内容的论文。

(2) 字迹比较潦草,其中有不少字难以辨认的论文。

(3) 正文基本上只是按照条目方式逐条罗列叙述的论文。

(4) 确实属于过分自我吹嘘或自我标榜、夸大其词的论文。

(5) 内容有明显错误和漏洞的,按同一类错误每一类扣一次分。

(6) 内容属于大学生或研究生实习性质的项目,并且其实际应用背景的水平相对较低的论文。

4. 不能给予及格分数的论文情况

下述情况之一的论文,不能给予及格分数。

(1) 虚构情节,文章中有较严重的不真实的或者不可信的内容出现的论文。

(2) 未能详细讨论项目开发的实际经验,主要从书本知识和根据资料摘录进行讨论的论文。

(3) 所讨论的内容与方法过于陈旧,或者项目的水准相对非常低下的论文。例如,数据库设计仅讨论了 FoxPro,且没有鲜明特色的应用,开发的是仅能用于单机版的(孤立型的)、规模很小的、并且没有特色的应用项目。

(4) 内容不切题意,或者内容相对很空洞,基本上是泛泛而谈的、没有较为深入体会的论文。

(5) 正文与摘要的篇幅过于短小的论文(如正文少于 1200 字)。

(6) 文理很不通顺,错别字很多,条理与思路不清晰,字迹过于潦草等情况相对严重的论文。

5. 可加分的论文情况

下述情况,可考虑适当加 5～10 分。

(1) 有独特的见解或者有着很深入的体会,相对非常突出的论文。

(2) 观点很高,确实符合于当今计算机应用系统发展的新趋势与新动向,并能初步加以实现的论文。

(3) 内容翔实,体会中肯,思路清晰,非常切合实际的很优秀的论文。

(4) 项目难度很高,或者项目完成的质量优异,或者项目涉及重大课题,并且能准确按照试题要求论述的论文。

第 2 章 信息系统项目管理师考试论文写作技巧与经验

2.1 论文的格式与写作技巧

"论文"的字面解释为：论文是用来进行科学研究和描述科研成果的文章。论文既是探讨问题进行科学研究的一种手段，又是描述科研成果进行学术交流的一种工具。论文类型包括学年论文、毕业论文、学位论文、科技论文、成果论文等。

从信息系统项目管理师考试的论文形式来看，更多的靠近成果论文。信息系统项目管理师考试的论文将技术手段、项目管理方式方法、工作经验以某个主题文章的形成呈现。同时，该种考试有自身的格式要求，符合其格式要求写作的论文较容易获得好的分数。

1. 论文的书写格式

论文的内容分为两个部分，分别是摘要和正文（正文后面还加上结束语）。要注意，关键字在信息系统项目管理师考试的论文中是不需要写的。其中的书写要注意以下的格式。

(1) 字数方面要达到基本要求。一般论文要求总字数达到 3000 字左右即可。其中，摘要的字数要求不能少于 200 字，控制在 400 字左右即可；正文的字数要求在 2500 字左右，如果有结束语，结束语字数控制在 200 字左右即可。当然，在实际考试中，论文写作的方格纸上也是有字数的提醒的，因此字数方面的基本要求大致上可以把握好。

(2) 图表、公式等不能出现在论文写作中。与科技论文等不同的是，信息系统项目管理师考试论文中是不能出现图表、公式的（特殊符号也建议尽量不要出现）。如果论文内容需要，一定要涉及这类内容的，那么就尽量转化为文字来表达。实际上，从论文考试使用的方格纸来看，也是不方便在上面绘制图表的，需要规避。

(3) 涉及项目的表述要体现出规范性、合理性和真实性。论文中涉及的项目素材要经得起推敲，同时注意一定要是成功的大项目，是对社会经济发展有推动和积极意义的。不要使用属于军工类等的涉密项目，论文书写时也要避免使用×××类似的表述项目，可以写某公司或者某单位项目，保证项目具有真实性。论文内容要合理、丰满、翔实，多写些实例，少写些道理。

(4) 论文书写要注意保持卷面工整、字迹清洁。论文内容是主要的部分，卷面字迹是门面部分。在论文书写过程中，分配好时间，不急不躁，尽量保证不出现错字、漏字、别字。如果不慎出现较多不需要的书写内容时，在字上面画一道横线即可，不建议使用透明胶、修正液等进行涂改。卷面整洁、字迹清楚等在一定程度上，会影响评卷老师的打分的心情，如果因此看不清论文的内容，还会影响到分数的等级。因此，考生在这部分也要特别注意，平时需要多练习书写。

2. 论文的解答步骤

(1) 时间分配(图 2.1)。

- 试题选择 3 分钟。
- 论文构思 12 分钟。
- 摘要 15 分钟。
- 正文 80 分钟。
- 检查修改 10 分钟。

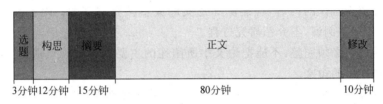

图 2.1 信息系统项目管理师考试论文时间分配

(2) 选试题。

- 选择自己最熟悉,把握最大的题目。
- 不要忘记在答题卷上画圈和填写考号。

(3) 论文构思。

- 构思论点(主张)和下过功夫的地方。
- 将构思的项目内容与论点相结合。
- 决定写入摘要的内容。
- 划分章节,把内容写成简单草稿(几字带过,无须繁枝细节)。
- 大体字数分配。

(4) 写摘要。

- 以用语简洁、明快,阐清自己的论点为上策。

(5) 正文撰写。

- 按草稿进行构思、追忆项目素材(包括收集的素材)进行编写。
- 控制好内容篇幅。
- 与构思有出入的地方,注意不要前后矛盾。

(6) 检查修正。

主要是有无遗漏、有无错字。注意以下几点:

- 卷面要保持整洁。
- 格式整齐,字迹工整。
- 力求写完论文(对速度慢者而言),切忌有头无尾。
- 以轻松愉快的心情,自信满满的心态迎接考试结束的铃声,等待上交试卷。

3. 论文的写作技巧

（1）摘要

摘要是论文主要内容的摘录，要求短小、精悍、完整。要求简明扼要地说明研究工作的目的、研究方法和最终结论等，重点是结论。

撰写摘要的注意事项：

- 不得简单重复题名中已有的信息，忌讳把引言中出现的内容写入摘要，不要照搬论文正文中的小标题或论文结论部分的文字，也不要诠释论文内容。
- 尽量采用文字叙述，不要将文中的数据罗列在摘要中；文字要简洁，应排除本学科领域已成为常识的内容，应删除无意义的或不必要的字眼；内容不宜展开论证说明，不要列举例证，不介绍研究过程。
- 摘要的内容必须完整，不能把论文中所阐述的主要内容或观点遗漏，应写成一篇可以独立使用的短文。
- 摘要一般不分段，切忌采用条例式书写法。陈述要客观，对研究过程、方法和成果等不宜做主观评价，也不宜与别人的研究作比较研究。

（2）正文。

正文是论文的主体部分，正文应该包括论点、论据、论证过程和结论。主体部分包括以下内容。

- 提出问题——论点。
- 分析问题——论据和论证。
- 解决问题——论证方法与步骤。
- 结论。

撰写正文的注意事项：

- 正文规范。为了做到层次分明、脉络清晰，常常将正文部分分成几个大的段落。这些段落即所谓的逻辑段。一个逻辑段可以包含几个小逻辑段，一个小逻辑段可以含一个或几个自然段，使正文形成若干层次。论文的层次不宜过多，一般不超过五级。
- 一项科研成果或技术创新，往往不是独自一人可以完成的，还需要各方面的人力、物力、财力的支持和帮助。因此，建议在论文的末尾留有致谢。主要是对论文完成期间得到的帮助表示感谢，这是学术界谦逊和有礼貌的一种表现。

2.2 论文考试写作经验

按照信息系统项目管理师考试的前、中、后三个阶段，分别来阐述、说明论文考试的写作经验。

1. 考试前期

考试前期要求考生"全力备考，充分准备"。考试是一次性的，不要奢望在考场中超常发挥，或者得到上天的眷顾，从而考试通关。一分辛劳，一分收获。最好的，也是最踏实的做法，就是决定报考后要静下心来，安排好考试复习时间，并且坚决、严格地执行复习备考。无论考生是忙碌的在职人员，还是上进的求学人员，如果不能保证三个月内每天晚上安静地复习两个小时，一般情况下是不可能获得较为满意的成绩的。考前对自己下狠心，用心学习，为自己把把脉，适当地学习写作技巧和获取相应的经验，就能在考试当中如鱼得水，顺顺当当。如下一些写作经验，仅供考生复习时参考。

（1）论文考试是要手写的，字要尽量写得漂亮一些。因此练习书写是第一关。每天多用黑色签字笔写写字，摘抄一些写作精美的句子，每周练习规定时间内完成手写一篇3000字左右的论文。养成习惯，便于考试正常发挥。

（2）论文考试不是在一次考试中，靠现场充分发挥而一蹴而就的，而是靠日常积累写作素材，多写论文，多思考，积淀出来的。因此考生要学会将做过（或接触过）的项目进行总结、积累，便于考试时调用素材与项目经验。

（3）论文考试每年的选题都在变，每位考生都希望在考前进行押题、猜题。其实最简单、最好的办法就是自己至少手写一篇完整的论文，手写八篇论文的框架，并且将这九篇论文背诵出来。这样，考试时就可以洋洋洒洒，信手拈来。

（4）论文考试与项目管理密切相关，必须要掌握好九大领域的理论知识。

2. 考试中期

考试中期要求考生"轻松发挥，绝不言弃"。高级级别的软考当然没那么容易通过，但是上了考场，考的就是心态，是战术，一定要在这个关头稳住自己。自己要给自己打气，鼓励自己，千万不要因为前面几场考试感觉不够好，而影响了论文考试。考试一场归一场，一场考完就要把心思放在下面一场。当然，考试前期准备充足了，到了考场只要如实地写在论文的方格纸上就可以了。如下一些写作经验，供考生复习时参考。

（1）论文考试是最后一场考试，这个时候考生都会感觉身心疲惫。心态就尤为重要了，一定要及时调整。要心中想着，即将实现自己的目标，逐渐达成自己的梦想，是多么美妙的事情。相信各位盼有伟大前程的考生，应该熟悉"在绝望中寻找希望"的方法，鞭策、鼓励自己，使自己的状态、心态都快速恢复。

（2）论文考试时间为120分钟，实际上用在真正写作正文和摘要的时间在95分钟左右，而论文字数要求在3000字左右，写作速度要达到32字/分钟。也就是说，每秒钟要写出0.5个字，才能顺利完成论文，时间相当紧迫。因此，考试时要注意把握节奏，控制好时间。当然时间控制得好坏与考试前期的练习有关。

（3）论文考试注意审题，认真看清每个子题目。这是细节，细节也决定成败。

（4）论文写作不要故作深沉，不要"一把骨头"，要娓娓道来，有血有肉，要有实例。论文条例要清楚，分段要明确。

（5）论文的摘要是提炼，不是正文的补充。同时摘要也可以安排在最后写。

（6）论文是工程技术与管理有机结合的体现。论文写作要站在高级工程师的角度，同时也是项目管理者的角度。论文写作要有自己的主见。

3. 考试后期

考试后期要求考生"放松心情,再攀高峰"。信息系统项目管理师考试是准高级项目经理人生的一个阶段,考完了,考生需要放松心情,需要总结思路,更加需要继续学习,再接再厉,争取更大的成功,成为名副其实的高级工程师、项目管理者。如下一些经验,供考生复习时参考。

(1)考试之后,"知己知彼",适当地咨询其他考生考试情况,通过 QQ、微信、微博等新媒体方式与考试战友们进行沟通交流,但是要及时放松,考好了就不要再纠结于试题了,要有宽广的视野和格局。

(2)记得考试分数出来那天,去查分数。做事有始有终,对自己也要有个交代。

(3)考试通过了,不等于自己就是高级工程师了,还需要不断努力学习,勇攀高峰。人生就是由一个又一个的磨难所组成的,考试没有通过,不要气馁,找出差距,奋力再战。考试顺利通过了,不要原地踏步,要充分发挥自己的能力,钻研技术与开发,多做科学研究与项目管理,坚持理论联系实践,从而追求下一个更大的目标与争取更大的成功。

论文考试可以分为考试前期、中期和后期三个阶段。在各个阶段,考生如果都能不懈努力,终究会较快地实现人生的价值,及早拿到信息系统项目管理师证书,开启后续更有价值的工作与生活。

从信息系统项目管理师考试的情况来看,考试前期的准备工作比较重要。千万不要太过自信,觉得可以临场好好发挥,考试前期投入的努力和心血基本决定了考试的成绩;但是从职业生涯的周期来看,考试后期的问题比较突出,关系着高级工程师的继续学习与科研的突破,它是职业生涯的框架格局。因此,建议考生在三个阶段投入的时间比例为 4∶2∶4,也即考试前期 40% 时间,考试中期 20% 时间,考试后期 40% 时间,以此将优势与能力最大化发挥。

第二部分

信息系统项目管理师论文写作指导

第 3 章 信息系统项目管理论文写作指导

3.1 概述

截至 2014 年 1 月,信息系统项目管理师考试自 2005 年 5 月份首次开考至今,一共举办了 16 次全国性考试。考试时间从 2008 年开始,固定为每年开考两次——分别在上半年 5 月份和下半年 11 月份各开考一次,逐步形成了影响力较大的系统性全国资格(水平)考试。论文考试中可供选择的试题数量也从 2005 年上半年的一题,2007 年下半年和 2008 年上半年的三题,逐步过渡到稳定的两题,也即论文考试的选题从两题中任选一题进行论文写作。

信息系统项目管理是信息系统项目管理师考试论文考试中涉及面最大的知识模块。每年都会在这个部分上出现考试题目。历年统计发现,在 16 次考试中,总共在这部分知识模块上面出过 22 道题,有 10 次考试可供选择的论文考试选题均涉及信息系统项目管理知识内容,其重要性不言而喻。该模块掌握好了,信息系统项目管理师的论文考试就能应付自如。如表 3.1 所示为信息系统项目管理知识模块所包含的知识点。

表 3.1 信息系统项目管理知识模块所包含的知识点

知识模块	知识点
信息系统项目管理	(1) 项目选择 (2) 可行性分析 (3) 项目全生命周期流程管理 (4) 项目的整体、范围、进度、成本、质量、人力质量、沟通、风险和采购管理 (5) 项目评估 (6) 企业级信息系统项目管理体系的建立 (7) 项目中的质量管理与企业质量管理异同分析

图 3.1 显示了信息系统项目管理知识模块涉及的论文试题在历年考试中的分布情况。信息系统项目管理各知识领域出题次数分别为:质量管理 6 次,沟通管理 3 次,风险管理 2 次,可行性分析 2 次,人力资源管理 2 次,成本管理 2 次,范围管理 2 次,整体管理、采购管理和需求管理各 1 次。

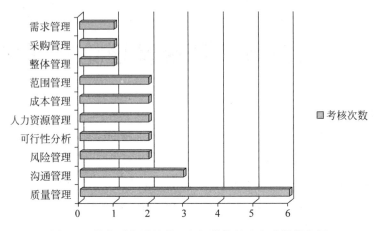

图 3.1　信息系统项目管理知识模块的论文选题分布图

3.2　项目整体管理

3.2.1　理论基础

1. 项目与项目管理

项目管理起源于 20 世纪 50 年代，发展至今，项目管理已经不局限于一系列的工具与技术，也不局限于传统的工程项目领域。近年来，随着项目管理在全球范围的升温，国内还有不少院校把项目管理单独设立为一个专门的专业——项目管理专业，该专业涉及的领域广泛，包括信息系统项目管理、系统工程与仿真、工程经济学、工程应用数学、工程项目管理、项目风险分析、项目质量管理等。项目管理已经发展成为可有效管理大型、复杂、涉及多专业领域项目的一门科学。

为了能够较好地了解项目的实质以及项目管理，必须要对项目的定义做一个了解。实际上，日常生活中有很多项目的具体实例存在。例如，操办一次同学的聚会、举办一次学术研讨会、组织一次春游活动、开发一个软件系统、盖一栋房子等。项目的定义有多个版本。哈罗德·科兹纳博士认为："项目是为了达到特定目标而调集到一起的资源结合。它是一次性的、独特的工作努力。"在《PMBOK 指南》(第 4 版)里的定义表述为："项目是为创造独特的产品、服务或成果而进行的临时性工作。"从对项目定义的描述中可以发现，项目有其特性，具体表现为：

（1）项目的临时性。是指具有时间的约束性，有明显的开始与结束的时间，但并不意味着持续的时间短，有些项目会持续好几年时间，如中国著名的三峡项目、西气东送等项目的完成要历经十几年时间。每个项目都有明确的开始和结束点；项目团队组织机构随项目的结束而重组。

（2）创造独特性的产品、服务或成果。是指项目所完成的工作及其环境必定在某一方面与以前的经历不同。例如,我们国家的奥林匹克运动会的会场,即"鸟巢",即使有某设计会参照以往的某个建筑物的设计方案,有重复的要素,但并不能够改变其整体的独特性。

对于无法一次性准确定义的项目,需要分阶段从粗到细逐渐明细,但在每个阶段中依然遵循分析需求、设计方案、实施与评价的过程。这一现象在软件的开发中最为显著。

关于项目管理的定义,不能仅仅局限地认为是运用了项目管理来控制活动,把工作做完交付出去并得到验收就是项目管理了。项目管理的定义有如下版本阐述。美国的项目管理专家哈罗德·科兹纳曾经在著作中这样表述过:"项目管理是为一个相对短期的目标(这个目标是为了完成一个特定的大目标和目的而建立的)去计划、组织、指导和控制公司的资源。进一步地说,项目管理就是利用系统的管理方法将职能人员安排到特定的项目中去。"在《PMBOK 指南》(第 4 版)里,对于项目管理的诠释是:"项目管理就是将知识、技能、工具与技术应用于项目活动,以满足项目的要求。"

也即,项目管理就是以项目为对象的系统管理方法,通过一个临时性的专门柔性组织、对项目进行高效率的计划、组织、指导和控制,以实现与过程的动态管理和项目目标的综合协调与优化。从项目管理的特点来看,项目管理的对象是项目或被当作项目来处理的动作;项目管理的思想是系统方法论;项目管理的组织是临时性、柔性组织机构团体单位;项目管理的机制是项目管理负责制,强调责权利的对等;项目管理的方式是目标管理,包括进度、费用成本、技术与质量等;项目管理的要点是创造和保持一种使项目顺利进行的环境;项目管理的方法、工具和手段具有先进性和开放性。

2. 项目管理的五大过程组和九大知识领域

每一个管理的领域都有它们专门的管理知识、技术与方法,对于项目管理也是一样的,项目管理是对一项具有独特性的、时间性的任务的管理,其具有自己的管理模式。通常情况下,是根据项目的五大过程组和九大知识管理领域来开展管理的。

项目管理的五大过程组是指从项目开始到结束过程中,必须经历的主要项目管理阶段。它们包括:

(1) 启动过程组。定义并批准项目或阶段。

(2) 规划过程组。定义和细化目标,规划最佳的行动方案,即从各种被选方案中选择最优方案,以实现项目或阶段所承担的目标和范围。

(3) 执行过程组。整合人力和其他资源,在项目的生命期或某个阶段执行项目管理计划。

(4) 监控过程组。要求定期测量和监控进展,识别与项目管理计划的偏差,以便在必要时采取纠正措施,确保项目或阶段目标的达成。

(5) 收尾过程组。正式接受产品、服务或工作成果,有序地结束项目或阶段。

对项目五个过程组的管理控制,也就是对项目进行了管理。这五个项目过程组具有明确的依存关系并在各个项目中按一定的秩序执行。它们与应用领域或特定行业无关。在实际的项目管理中,这五个过程组并不是独立实施哪一个过程组的,而是以某些方式相互重叠和作用,交叉在一起管理的。在项目完工之前,通常个别项目过程组可能会反复出现。

美国项目管理协会PMI把项目管理归纳为九大知识领域,这九大知识领域是指管理项目一般都要涉及的主要内容。它们包括项目整体管理、项目范围管理、项目时间管理、项目成本管理、项目质量管理、人力资源管理、项目沟通管理、项目风险管理以及项目采购管理。这九个方面分别从不同的管理职能和领域,描述了现代项目管理所需要的知识、方法、工具和技能。九大知识领域之间的逻辑关系,可以简述为整体管理是指导思想,范围、时间、成本和质量管理是为了满足项目本身的要求,人力资源、采购和沟通管理是保证项目达到要求的手段,而风险管理则是对所有工作的支撑。

经过美国项目管理协会(Project Management Institute,PMI)的整理和提升,以五大过程组为经度、九大知识领域为纬度构建了项目工作控制网,其中包括42个基本过程。这些基本过程代表了项目管理中的关键控制节点,对保证项目成功具有重要作用。每个过程都有要取得的成果(输出),所需要的原材料(输入)和所要使用的工具与技术。

3. 项目整体管理概述

项目管理九大知识领域中的项目整体管理是在项目管理过程中为确保各种项目工作能够很好地协调与配合而开展的一种整体性、综合性的项目管理工作。开展项目整体管理的目的是通过综合与协调来管理好项目各方面的工作,以确保整个项目的成功,而不是某个项目阶段或某个项目单项目标的实现。项目管理中的整体管理的过程主要包括:

(1) 制定项目章程。制定一个项目章程,以对项目进行正式授权。

(2) 制定初步的项目范围说明书。编制一个初步的项目范围说明书,给出项目范围的高层描述。

(3) 制定项目管理计划。如何定义、准备、集成各种项目子计划,并把它们整合到项目管理计划中。

(4) 指导和管理项目执行。执行在项目管理计划中所定义的工作以达到项目的目标。

(5) 监督和控制项目工作。为了达到项目绩效,对项目的启动、计划、执行和收尾进行监督和控制的过程。

(6) 整体变更控制。评审所有的变更请求,批准变更,控制对可交付物和组织过程资产的变更。

(7) 项目收尾。完成项目过程组中的所有活动,以正式结束一个项目或阶段。

4. 项目整体管理知识体系

项目整体管理知识体系(输入、工具技术与输出)如表3.2所示。

3.2.2 论文指导

例3-1 论项目的整体管理

项目整体管理是项目管理中一项综合性和全局性的管理工作。项目整体管理的任务之一就是要决定在什么时间做哪些工作,并协调各项工作以达到项目的目标。

项目经理或其所在的组织通常会将项目分成几个阶段,以增强对项目的管理控制并建立起项目与组织的持续运营工作之间的联系。

表 3.2 项目整体管理知识体系(输入、工具技术与输出)

	输　入	工具和技术	输　出
项目章程	合同 工作说明书(SOW) 环境和组织的因素 组织过程资产	项目选择方法 项目管理方法 项目管理信息系统(PMIS) 专家判断	项目章程
项目范围说明书(初步)	项目章程 工作说明书(SOW) 环境与组织因素 组织过程资产	项目管理方法论 项目管理信息系统(PMIS) 专家判断	项目范围说明书(初步)
项目管理计划	项目章程 项目范围说明书(初步) 项目管理过程 预测 环境和组织因素 组织过程资产 工作绩效信息	项目管理方法论 项目管理信息系统(PMIS) 专家判断	项目管理计划 配置管理计划 变更控制系统
指导和管理项目的执行	项目管理计划 已批准的纠正措施 已批准的预防措施 已批准的变更申请 已批准的缺陷修复 确认缺陷修复	项目管理方法论 项目管理信息系统(PMIS)	可交付物 申请的变更 已实施的变更申请 已实施的纠正措施 应用的预防行动 应用过失修复 工作执行信息
监督和控制项目工作	项目管理计划 工作绩效信息 绩效报告 被拒绝的变更需求	项目管理方法论 项目管理信息系统(PMIS) 挣值管理 专家判断	建议的纠正措施 建议的预防措施 项目报告 预测 建议的缺陷修复 需求变更
综合变更控制	项目管理计划 申请的变更 工作绩效信息 建议的预防措施 建议的纠正措施 建议的缺陷修复 可交付物	项目管理方法论 项目管理信息系统(PMIS) 专家判断	已批准的变更申请 被拒绝的变更申请 项目管理计划(已批准更新) 项目范围说明书 已批准的纠正措施 已批准的预防措施 已批准的缺陷修复 可交付物(已批准)
项目收尾	项目章程 项目范围说明书 项目管理计划 合同文件 组织过程资产 环境和组织因素 工作绩效信息 可交付物(已批准的)	项目管理方法论 项目管理信息系统(PMIS) 专家判断	管理收尾规程 合同收尾规程 最终产品、服务或成果 组织过程资产(已更新)

请围绕"项目的整体管理"论题,分别从以下三个方面进行论述。

(1) 简要叙述你参与管理过的大型信息系统项目(项目的背景、发起单位、目的、项目周期、交付的产品等)。

(2) 针对下列主题,请结合项目管理实际情况论述你是如何进行项目整体管理的。

① 信息系统项目的阶段如何划分?

② 每个阶段应完成哪些工作?

③ 每个阶段应提交哪些交付物?

④ 每个阶段都有哪些种类的人员参与?

⑤ 该项目实施阶段有哪些过程?

(3) 结合大型项目管理的特点简要叙述你管理大型项目的经验体会。

要点分析

本题为2006年下半年信息系统项目管理师考试论文试题二。

项目整体管理是项目管理中一项综合性和全局性的管理工作。项目整体管理知识域包括保证项目各要素相互协调所需要的过程。具体来讲,是对项目管理过程组中的不同过程和活动进行识别、定义、整合、统一和协调的过程。就项目管理而言,整体管理含有统一、整合、关联和集成等措施,这些措施对完成项目、成功地满足项目干系人的要求和管理项目干系人的期望起到很关键的作用。就管理具体项目而言,整体管理就是要决定在什么时间把工作量分配到相应的资源上,有哪些潜在的问题并在其变糟之前积极处理,以及协调各项工作使项目整体上取得一个好的结果。

1. 项目生命期

项目经理或组织可以把每一个项目划分成若干个阶段,以便有效地进行管理控制,并与该项目组织实施的日常运作联系起来。这些项目几段合在一起称为项目生命期。项目生命期确定了该项目的开始和结束连接起来的阶段。从项目生命期的一个阶段转到另一个阶段通常是某种形式的技术交接,这种阶段转移通常也由这种技术交接确定。前一阶段产生的可交付成果通常要接受是否已经完成和是否准确的审查,在验收之后才能开始下一阶段的工作。但是,如果认为所涉及的风险可以接受,后一阶段可以在前一阶段可交付成果通过验收之前开始。

项目生命期通常规定:

(1) 每个阶段应完成哪些技术工作?

(2) 每个阶段的交付物应何时产生?对每个交付物如何进行评审、验证和确认?

(3) 每个阶段都有哪些人员参与?

(4) 如何控制和批准每个阶段?

2. 典型的信息系统项目的生命期模型

(1) 原型方法。软件原型是所提出的新产品的部分实现,建立原型主要是为了解决在产品开发的早期阶段的需求不确定的问题,其目的是明确并完善需求,探索设计选择方案,发展为最终的产品。

原型方法适合于用户没有认可其需求的明确内容的时候。它是先根据已经给出的和分析的需求,建立一个原始模型,这是一个可以修改的模型(在生命周期中,需求分析编写成文档后一般不再做大量修改)。在软件开发的各个阶段会把有关信息相互反馈,对模型进行修改,使模型渐趋完善。最终的结构将更适合用户的要求。

(2) 瀑布模型。瀑布模型是一个经典的软件生命周期模型,它给出了软件生命周期各阶段的固定顺序,即软件开发可分为可行性分析(计划)、需求分析、软件设计(概要设计、详细设计)、编码实现、测试、运行维护等阶段。上一个阶段完成后才能进入到下一个阶段。

(3) 演化模型。演化模型是在快速开发一个原型的基础上,根据用户在调用原型的过程中提出的反馈意见和建议,对原型进行改进,获得原型的新版本,重复这一过程,直到演化成最终的软件产品。

(4) 螺旋模型。螺旋模型是将瀑布模型和演化模型相结合,它综合了两者的优点,增加了风险分析,并使得软件的增量版本的快速开发成为可能。它以原型为基础,沿着螺线自内向外旋转,每旋转一周都要经过制定计划、风险分析、实施工程、客户评价等活动,并开发原型的一个新版本。经过若干次螺旋上升的过程,最终得到软件。

(5) 迭代模型。迭代模型从组织管理的角度描述整个软件开发生命周期,包括四个阶段,即初始、细化、构造、移交,可进一步描述为周期、阶段、迭代。

(6) 喷泉模型。喷泉模型为软件复用和生命周期中多项开发活动的集成提供了支持,主要支持面向对象的开发方法。"喷泉"体现出迭代和无间隙的特征。系统的某个部分常常重复工作多次,相关功能在每次迭代中随之加入演进的系统。无间隙指的是在开发活动,即分析、设计和编码之间不存在明显的边界。

3. 典型的信息系统项目阶段

信息系统项目一般有可行性分析与立项、业务流程优化、计划、实施(包括系统需求分析、系统设计、系统实施、系统测试、验收、系统试运行)、运行与维护等阶段。根据行业特点、企事业单位的规模、项目特点等对这些阶段可以有不同程度的裁剪或迭代。其中各个阶段需要完成的工作说明如下:

(1) 信息系统可行性分析阶段主要从技术可行性、经济可行性和操作可行性等方面对项目的可行性做出判断,并提出可行性方案。信息系统项目是一项耗资多、耗时长、风险性大的工程项目,因此,在进行大规模系统开发之前,要从有益性、可能性和必要性三个方面对未来系统的经济效益、社会效益进行初步分析,以避免盲目投资,减少不必要的损失。可行性分析阶段的总结性成果是可行性报告。

(2) 信息系统业务流程优化阶段主要是从企事业单位的业务流程、组织机构进行改良或改造,重新组织,以适应企事业单位信息化的要求,并对业务流程进行规范化、优化,使信息系统能够促进企业业务的发展。

(3) 信息系统计划阶段的任务是要站在全局的角度,对所开发的系统进行统一的总体的考虑,从总体的角度来规划系统应该由哪些部分组成和它们之间的关系如何,并根据系统需求提出解决方案。在系统开发之前要确定开发顺序,合理安排人力、物力和财力,制定项目计划。计划阶段的总结性成果是系统规划报告。

(4)系统需求分析阶段是分析获取信息化建设的需求,包括软件系统的需求分析和硬件(网络)系统的需求分析,其任务是按照整体计划的要求,逐一对系统计划中所确定的各组成部分进行项目的分析。

(5)信息系统设计阶段包括软件系统的设计、硬件(网络)系统的设计、软件基础平台与软件硬件集成设计。进行系统设计前,应进行系统分析。

(6)信息系统实现阶段一方面是指软件系统的编码与实现,另一方面是系统硬件设备的购置与安装。

(7)信息系统测试阶段是在软件系统的测试和硬件系统的测试等的基础上进行的,其中软件系统测试指单元测试、集成测试和确认测试。系统测试是从总体出发,测试系统应用软件的整体表现及系统各个组成部分的功能完成情况,测试系统的运行效率和可靠性等。

(8)信息系统验收阶段指软件系统的安装、调试和验收,数据准备及加载,系统试运行与工程收尾。

(9)信息系统运营与维护阶段指信息系统投入运营后的日常维护工作以及系统的备份、数据库的恢复、运行日志的建立、系统功能的修改与增加等。运营与维护阶段是信息系统最重要的一个阶段,一般不包含在信息系统项目的生命周期中。

4. 各个阶段提交的交付物

信息系统项目各个阶段主要交付物如下。

(1)可行性分析与立项阶段:可行性报告、立项报告。

(2)业务流程优化阶段:业务流程优化建议书。

(3)计划阶段:项目整体管理计划。

(4)系统需求分析阶段:需求分析报告。

(5)系统设计阶段:系统总体设计报告,其中含有软件系统和网络系统的设计方案、软件系统的测试计划、系统测试计划。

(6)系统实现阶段:软件模块代码、系统硬件设备的购置清单与安装图。

(7)系统测试阶段:软件系统的测试报告、系统测试报告。

(8)验收和试运行阶段:验收报告、综合布线竣工图、用户手册、用户培训计划。

(9)运营与维护阶段:运行日志等(可不提交该阶段及其交付物)。

5. 各个阶段参与人员的种类

一般情况下,项目启动后项目章程由项目启发人或公司的项目部或最高领导层指定由某个部门组织完成或任命项目经理,授权给项目经理来组织编制这个章程。通常情况下,都有正常的任命函或开会宣布决定。

在这个过程,项目经理要做的重要的项目工作就是识别干系人。《PMBOK 指南(第 4

版)》中将项目干系人定义为"积极参与项目或其利益会受到项目实施或完成情况积极或消极影响的个人或组织"。它表明项目干系人可能会影响项目、可交付成果和团队。

究竟什么是项目干系人呢？实际上，在整个项目中无非就是那几个属于项目的干系人，它们主要包括：

（1）项目经理。负责管理项目的个人。

（2）顾客/客户。使用项目产品的个人或组织。顾客可能有多个层次。在某些应用领域，顾客是指购买项目结果的实体，用户是指直接使用该项目产品的个人。

（3）执行组织。雇员最直接参与项目工作的单位。

（4）项目团队成员。完成项目工作的集体。

（5）项目管理团队。直接参与项目管理活动的项目班子的成员。

（6）出资人。为项目提供现金或实物财力资源的个人或团体。

（7）有影响力的人。同项目产品的取得和使用没有直接关系，但是因其在顾客组织或实施组织中的地位而能够对项目的进程施加积极或消极影响的个人或集体。

（8）项目管理办公室（PMO）。如果项目实施组织设立了项目管理办公室，并且对项目的结果负有直接或间接的责任，它就可能成为一个干系人。

由项目经理负责识别干系人，必须按照明确的策略与每位干系人合作。在这些人合作之前，必须将其利益所占的比重识别明确，将项目干系人进行分析后，编成《项目干系人登记册》和《干系人管理策略》，这样才算在这个过程中项目经理的工作完成了。

在信息系统项目各个阶段需要的项目人员分类如下。

（1）管理类。项目经理及其助理（各阶段都需要）。

（2）技术类。架构师（系统分析和设计阶段）、系统分析师（系统分析和设计阶段）、软件工程师（系统分析和设计阶段）、测试工程师（设计阶段）、网络工程师（系统分析、设计阶段与实现阶段）、数据库工程师（系统分析、设计阶段与实现阶段）和综合布线工程师（系统设计阶段、布线）。

（3）实施和支持类。实施/现场工程师（系统实施阶段）、配置管理人员（全过程）。

6. 信息系统项目实施阶段的过程

信息系统项目实施阶段的过程如下。

（1）系统需求分析。确定系统应该具有什么功能，主要涉及如何获得用户的需求、描述需求和评审需求。

（2）系统设计。一般系统设计是在需求分析之后实施的，其中的系统分析则主要明确应该解决什么问题，重点在于理解问题并对理解的结果加以分析；系统设计则是通过某种特定的平台，达到完成整体软件的功能，又主要包括概要设计和项目设计。

（3）系统实现。重点在于明确所要解决的问题并采用什么技术和手段来实现上述的设计方案以满足用户的需求。

（4）系统测试。该阶段主要是通过各种测试思想、方法和工具的具体应用，从而找出系统中所隐藏的各种缺陷，最后使得软件的 Bug 数量降到最低。一般包括单元测试和集成测试等形式。

(5) 软件系统的安装调试。需要得到程序员或者技术支持人员的支持。

(6) 数据准备及加载。需要得到程序员或者技术人员的支持。

(7) 系统试运行。需要得到程序员或者技术人员的支持。

(8) 项目验收。

(9) 项目收尾。

7. 大型、复杂项目管理的特征

大型或复杂项目并没有一个严格的界限划分。一般来说,大型、复杂项目的管理具有如下4个特征。

(1) 项目周期较长。此类型项目往往从所交付产品的早期(如概念阶段)就开始了。如何在一个相对较长的周期内,保持项目运作的完整性和一致性就成了关键性的问题。

(2) 项目规模较大,目标构成复杂。在这种情况下都会把项目分解成一个个目标相互关联的小项目,形成项目群进行管理。这种意义上的项目经理往往称为项目群经理或是大项目经理。

(3) 项目团队构成复杂。不仅包括项目内部所形成的项目管理体系,也包括合作方,有时甚至有多单位参与。这种复杂的团队构成会导致团队之间的协作、沟通和冲突解决所需要的成本大幅度上升,所以如何降低协作成本就成了提高整体项目效率的关键。

(4) 大型项目经理的日常职责将更集中于管理职责。在大型及复杂项目的状况下,将需要更明确而专一的分工机制,管理所体现的效率因素将更直接地影响项目的目标实现。同时,由于大型项目大多数是以项目群的方式进行,所以大型项目经理面临更多的是"间接管理"的挑战。

一般项目的计划过程内容主要包括范围计划、进度计划、成本计划以及质量计划。一般项目的计划主要关注的是项目活动的计划。对于大型、复杂项目必须建立以过程为基础的管理体系。建立统一的项目过程会大大提高项目之间的协作效率,有力地保证项目质量。大型项目必须建立以过程为基础的管理体系,一般应首先建立如下3个过程。

(1) 计划过程。建立项目组织所需要的各个过程文件,支撑过程实施的操作指南、文档模板和检查表。

(2) 执行过程。按照预定义的过程实施项目。

(3) 监督过程。由独立的组织检查项目组织实施预定义过程的符合度。

项目的控制过程主要有三个重要的因素,它们分别是项目绩效跟踪、外部变更请求和变更控制。项目绩效是实时反映项目真实状态的重要保证,必须在整个项目组织内部约定统一的绩效报告模板、信息定义和表现形式、信息采集方法和渠道。然后通过定义的信息汇报结构发送、收集、整理、分析和报告。由外部变更和内部偏差所引起的变更必须遵循变更控制流程来作用于项目。在大型、复杂项目中,由于涉及多方的共同协调,对变更需要统一的控制,否则会直接导致项目执行中的大量混乱。

 **解答要点**

按照题目的要求,从以下三个方面进行论述。

第一,简述参与管理过的大型信息系统项目。

选择近期主持或参与过的信息系统项目进行概要叙述。主要包括介绍项目的背景、发起单位、目的、项目周期、交付的产品等,着重介绍项目整体管理的情况。

第二,论述是如何进行项目整体管理的。

1. 典型信息系统项目阶段

把项目全生命期分成一个个阶段,明确每个阶段要完成的各个过程。

信息系统项目一般有可行性分析与立项、业务流程优化、计划、实施(包括系统需求分析、系统设计、系统实施、系统测试、验收、系统试运行)、运行与维护等阶段。根据行业特点、企事业单位的规模、项目特点等对这些阶段可以有不同程度的裁剪或迭代。

2. 典型信息系统项目每个阶段应完成的工作

(1)可行性分析阶段主要从技术可行性、经济可行性和操作可行性等方面对项目的可行性做出判断,并提出可行性方案。信息系统项目是一项耗资多、耗时长、风险性大的工程项目,因此,在进行大规模系统开发之前,要从有益性、可能性和必要性三个方面对未来系统的经济效益、社会效益进行初步分析,以避免盲目投资,减少不必要的损失。

(2)业务流程优化阶段主要是从企事业单位的业务流程、组织机构进行改良或改造,重新组织,以适应企事业单位信息化的要求,并对业务流程进行规范化、优化,使信息系统能够促进企业业务的发展。

(3)计划阶段的任务是要站在全局的角度,对所开发的系统进行统一的总体的考虑,从总体的角度来规划系统应该由哪些部分组成和它们之间的关系如何,并根据系统需求提出解决方案。在系统开发之前要确定开发顺序,合理安排人力、物力和财力,制定项目计划。

(4)系统需求分析阶段是分析获取信息化建设的需求,包括软件系统的需求分析和硬件(网络)系统的需求分析,其任务是按照整体计划的要求,逐一对系统计划中所确定的各组成部分进行项目的分析。

(5)系统设计阶段包括软件系统的设计、硬件(网络)系统的设计、软件基础平台与软件硬件集成设计。进行系统设计前,应进行系统分析。

(6)系统实现阶段一方面是指软件系统的编码与实现,另一方面是系统硬件设备的购置与安装。

(7)系统测试阶段是在软件系统的测试和硬件系统的测试等的基础上进行的,其中软件系统测试指单元测试、集成测试和确认测试。系统测试是从总体出发,测试系统应用软件的整体表现及系统各个组成部分的功能完成情况,测试系统的运行效率和可靠性等。

(8)验收阶段指软件系统的安装、调试和验收,数据准备及加载,系统试运行与工程收尾。

(9)运营与维护阶段指信息系统投入运营后的日常维护工作以及系统的备份、数据库的恢复、运行日志的建立、系统功能的修改与增加等。运营与维护阶段是信息系统最重要的一个阶段,一般不包含在信息系统项目的生命周期中。

3. 各个阶段应提交的交付物

各阶段的主要交付物如下。

(1) 可行性分析与立项阶段:可行性报告、立项报告。

(2) 业务流程优化阶段:业务流程优化建议书。

(3) 计划阶段:项目整体管理计划。

(4) 系统需求分析阶段:需求分析报告。

(5) 系统设计阶段:系统总体设计报告,其中含有软件系统和网络系统的设计方案、软件系统的测试计划、系统测试计划。

(6) 系统实现阶段:软件模块代码、系统硬件设备的购置清单与安装图。

(7) 系统测试阶段:软件系统的测试报告、系统测试报告。

(8) 验收和试运行阶段:验收报告、综合布线竣工图、用户手册、用户培训计划。

(9) 运营与维护阶段:运行日志等(可不提交该阶段及其交付物)。

4. 各个阶段参与人员的种类

需要的项目人员分类如下。

(1) 管理类。项目经理及其助理(各阶段都需要)。

(2) 技术类。架构师(系统分析和设计阶段)、系统分析师(系统分析和设计阶段)、软件工程师(系统分析和设计阶段)、测试工程师(设计阶段)、网络工程师(系统分析、设计阶段与实现阶段)、数据库工程师(系统分析、设计阶段与实现阶段)和综合布线工程师(系统设计阶段、布线)。

(3) 实施和支持类。实施/现场工程师(系统实施阶段)、配置管理人员(全过程)。

5. 该项目实施阶段的过程

信息系统项目实施阶段的过程如下:

(1) 系统需求分析。

(2) 系统设计。

(3) 系统实现。

(4) 系统测试。

(5) 软件系统的安装调试。

(6) 数据准备及加载。

(7) 系统试运行。

(8) 项目验收。

(9) 项目收尾。

第三,结合大型项目管理的特点简要叙述你管理大型项目的经验体会。

1. 大型项目管理的特点

(1) 项目周期较长。此类型项目往往从所交付产品的早期(如概念阶段)就开始了。如何在一个相对较长的周期内，保持项目运作的完整性和一致性就成了关键性的问题。

（2）项目规模较大，目标构成复杂。在这种情况下都会把项目分解成一个个目标相互关联的小项目，形成项目群进行管理。这种意义上的项目经理往往称为项目群经理或是大项目经理。

（3）项目团队构成复杂。不仅包括项目内部所形成的项目管理体系，也包括合作方，有时甚至有多单位参与。这种复杂的团队构成会导致团队之间的协作、沟通和冲突解决所需要的成本大幅度上升，所以如何降低协作成本就成了提高整体项目效率的关键。

（4）大型项目经理的日常职责将更集中于管理职责。在大型及复杂项目的状况下，将需要更明确而专一的分工机制，管理所体现的效率因素将更直接地影响项目的目标实现。而同时，由于大型项目大多数是以项目群的方式进行，所以大型项目经理面临更多的是"间接管理"的挑战。

2. 大型项目过程管理的特点

大型项目必须建立以过程为基础的管理体系，一般应首先建立如下3个过程。

（1）计划过程。建立项目组织所需要的各个过程文件，支撑过程实施的操作指南、文档模板和检查表。

（2）执行过程。按照预定义的过程实施项目。

（3）监督过程。由独立的组织检查项目组织实施预定义过程的符合度。

3. 管理大型项目的经验体会

结合自己管理大型项目的实际经验，指出下面各方面（但不局限于这些方面）的经验体会：计划、组织、资源冲突、沟通协调以及控制。在这些方面，遇到了哪些问题？难点在哪里？自己是如何解决的？最终效果如何？有什么经验教训？

3.3 项目范围管理

3.3.1 理论基础

1. 项目范围管理概述

在项目实践中，需求蔓延是信息系统失败最常见的原因之一。在信息系统项目的开发过程中，人们已经越来越体会到范围管理和需求管理的重要性。项目范围管理是在项目管理过程中所开展的计划和界定一个项目或项目阶段所需和必须要完成的工作，以及不断维护和更新项目的范围的管理工作。开展项目范围管理的根本目的是通过成功地界定和控制项目的工作范围与内容，确保项目的成功。需求管理则是用以确保各方对需求的理解一致、管理和控制需求的变更，以及从需求到最终产品的双向跟踪。

一般来说，需求蔓延有两个主要原因，第一是项目开发与管理人员没有做好范围管理，没有区分出项目应该做什么，项目不应该做什么。第二是没有使用有效的方式和过程来控制范围的变化。

项目范围管理主要包括如下过程。

(1) 范围计划编制。

(2) 范围定义。

(3) 创建工作分解结构(WBS)。

(4) 范围确认。

(5) 范围控制。

项目范围管理所包含的这些过程之间及其与其他领域的过程之间彼此相互影响。

在项目管理环境中,"范围"(Scope)这一术语一般有如下几种理解。

(1) 产品范围。表示产品、服务或成果应该包含的特征和功能。

(2) 产品规范。表示产品、服务或成果所包含的特征和功能具体是怎么样的。

(3) 项目范围。即为了交付具有规定特征和功能的产品、服务或成果所必须要做的工作。

由上述可知,项目范围的定义要以其组成的所有产品的范围定义为基础,这是一个由一般到具体、层层深入的过程。即使一个项目可能是由一个单一产品组成的,但产品本身又包含一系列要素,它们都有其各自的组成部分,每个组成部分又有其各自独立的范围。

项目范围管理让项目管理和实施人员明确项目的目标和主要的项目可交付成果。因此,项目范围管理具有提高时间、资源和费用估算的准确性,项目范围管理能提高时间、资源和费用估算的准确性,确定进度测量和控制的基准以及清楚地确认项目相关各方在每次工作中的分工界面和责任。

2. 工作分解结构

项目范围管理涉及的需求,即项目干系人的需要和期望。项目范围管理的成果是具体的产品或服务,满足需求必要的服务或产品。项目范围管理的目标是用来度量项目是否成功,包括主要目标(产品特点)和过程目标(如质量、时间进度等)。

项目的范围基准是经过批准的详细的项目范围说明书、项目的工作分解结构和工作分解结构词汇表。其中的项目范围说明书是用来说明可交付成果和为此有必要开展的工作,是所有项目干系人对项目范围的共同理解。项目范围说明书的主要包括的内容如下。

(1) 项目目标。

(2) 产品范围说明书。

(3) 项目要求说明书。

(4) 项目边界。

(5) 项目可交付成果。

(6) 产品验收准则。

(7) 项目制约因素:合同条款、法律、确定的预算、里程碑日期等。

(8) 项目假设:会影响所有计划。

（9）项目初步组织。

（10）初步确定的风险。

（11）进度里程碑。

（12）资金限制。

（13）费用估算：会说明估算的等级。

（14）项目配置管理要求。

（15）项目技术规定说明书。

（16）批准要求。

人们对复杂事务的预测要比相对简单的事务的预测要困难得多，误差也大得多。而且，即使两者误差相同，由于范围管理使用项目分解结构，将项目范围分解成可管理的工作包，人们发现误差的和小于和的误差，虽然人们多项目分解结构的每一项的估算都存在误差，但由于这些误差可能相互抵消，所以最终误差将比总估算的误差要小。

为了更好地界定项目范围，需要采用分解技术对项目进行分解。分解技术就是指将项目成果逐层分为更小、更易于管理的子项目或要素，指导项目成果分解出的这些要素非常详尽，能够支持下一步的项目活动分析和分解工作（即制定项目活动计划，实施、控制这些项目等）为止。通过项目工作分解，给出了项目需要完成的全部工作成果的整体表述。项目目标分解的结果通常用工作分解结构来表示，这也是一种项目范围界定的工具。

项目的工作分解结构是以项目的可交付成果为对象，是实现项目目标并创造必要的可交付成果而执行的工作分解，并按照一定的原则分类汇编而组成的层次型结构体系。项目的工作分解结构是项目团队要完成的项目任务的详细说明，所有这些细化了的项目工作构成了整个项目的工作范围。在项目的早期阶段，开发一个仅仅有二到三级的 WBS 是可行的，因为此时详细的工作可能还没有被定义。然而，随着项目进入项目定义阶段或者计划阶段，计划就变得详细多了。这个时候，WBS 就能被逐级细化到更低级别。

在工作分解结构底层的项目组成元素通常被称为"工作包"。这些工作包也可以在子项目工作分解结构中进一步分解。工作包还可以进一步分解为"活动"，活动是 WBS 的最小元素。

WBS 元素就是 WBS 结构上的一个个"节点"，在组织机构图上表示的是一个个方框，这些方框代表独立的、具有隶属关系或汇总关系的可交付成果。

WBS 字典则是用以描述和定义 WBS 元素中的工作文档。字典相当于某一 WBS 元素的规范，也即 WBS 元素必须完成的工作以及对工作的详细描述；工作成果的描述和相应规范标准；元素上下级关系以及元素成果输入输出关系等。

工作分解结构主要有如下两种表示形式。

（1）组织结构图形式。又称为树形表现形式，顾名思义，它是用树形结构图来表达项目范围和层次结构。

（2）列表表现形式。又称为缩进图形式，它是用表格的形式来表达项目范围和层次结构。

这两种形式各有各的优缺点。用组织结构图形式表示的 WBS 图层次分明,直观明了。但是对于超过五个层次的较为复杂的项目则不适宜用一张图画完。列表表现形式表示的 WBS 直观性不够,但能反映项目的全貌。

为了简化信息传递和交流,工作分解结构中每一个项目单元或组成元素通常被制定一个唯一的标志符。这些标志符可以为成本和资源的分层合计提供一个框架,即将工作分解结构各个组成单元和元素进行编码,构成一个编码的工作分解结构系统。

构建工作分解结构的主要方法有如下几种。

(1) 类比法。是指参考做过成功的类似项目的 WBS 模板对新项目工作分解的方法。

(2) 自上而下法。从项目最大的单位开始,逐步将它们分解成下一级的多个子项。

(3) 自下而上法。从项目一开始就尽可能地确定项目相关的各项具体任务,然后再将各项任务进行整合,并归并到对应的一个上一级的任务之中,形成 WBS 的一个部分。

(4) 头脑风暴法。是指先不考虑层次,让项目组成员尽量拓展思维,将所有想到的任务都列出来,然后再用线条将它们关联起来。

(5) 滚动式规划。也称为滚动波策划,即近期工作计划细致,远期粗略。

(6) 结合法。是指将自上而下法和头脑风暴法结合起来,先采用头脑风暴法,画出项目的气泡图,然后再用自上而下法,整理成树形结构图。

3. 项目管理铁三角

项目管理是一个连续的过程,它强调在进度、成本、质量等约束和目标的元素组合中达到项目目标。项目的范围管理能够确定项目的边界,明确项目的目标和项目的主要可交付成果,所以,项目范围管理能够提高对项目费用、时间和资源估算的准确性。为了保证项目的顺利实施与成功,还需要做好范围变更控制。如果确定了范围变更请求,项目管理人员必须和项目组成人员进行交流和协商。范围控制的结果包括了范围变更、纠正行为和经验教训。

图 3.2 项目管理铁三角

如图 3.2 所示的"项目管理铁三角"是一种项目整体控制的技术方法,这种方法可以用于对项目范围进行有效的控制。图 3.2 中三角形的三个边和中心(范围、时间、成本、质量)分别表示的是项目制约要素。项目成本、项目时间和项目范围三个要素被称为项目成功的三大要素。如果调整了这三个要素中的任何一个,另外两个必定受到影响。如果项目范围变更扩大,那么需要花费在项目上的时间和成本就会因此而增加。同理,如果项目工期经过调整后需要缩短,也即要提前完成项目,那么就需要追加项目成本或者缩小项目范围的选择。

质量是项目管理铁三角中的第四要素,并且是处于中心位置的关键要素。项目管理铁三角的三条边中任何一条边的改变都会影响项目质量。

4. 项目范围管理知识体系

项目范围管理知识体系(输入、工具技术与输出)如表 3.3 所示。

表 3.3 项目范围管理知识体系（输入、工具技术与输出）

	输入	工具和技术	输出
范围计划编制	项目章程 项目范围说明书（初步） 组织过程资产 环境因素和组织因素 项目管理计划	专家判断 模板、表格和标准	范围管理计划
范围定义	项目章程 项目范围管理计划 组织过程资产 批准的变更申请	产品分析 可选方案识别 专家判断法	项目范围说明书（详细） 项目管理计划（更新）
创建工作分解结构	项目范围说明书（详细） 项目管理计划	工作分解结构模板 分解 WBS 编码设计	WBS 和 WBS 字典 项目管理计划（更新）
范围确认	项目范围管理计划 可交付物 项目范围说明书 WBS 和 WBS 字典		确认后的范围 WBS 和 WBS 字典（更新）
范围控制	范围管理计划 WBS 和 WBS 字典 绩效报告 工作绩效信息 批准的变更需求	变更控制系统 偏差分析 重新规划 配置管理系统	变更请求 建议的纠正措施 组织过程资产（更新） 项目管理计划（更新） WBS 和 WBS 字典（更新）

3.3.2 论文指导

例 3-2 论信息系统项目的需求管理和范围管理

在信息系统项目的开发过程中，人们越来越多体会到需求管理和范围管理的重要性，含糊的需求和范围的经常性变化使信息系统项目的甲乙双方吃尽了苦头，这使得人们急于寻找良策以管理范围。

请围绕"需求管理和范围管理"论题，分别从以下三个方面进行论述：

（1）概要叙述你参与管理过的信息系统项目，以及该项目在需求管理和范围管理方面的情况。

（2）论述需求开发、需求管理和范围管理的区别与联系。

（3）详细论述在你参与管理过的大型信息系统项目中具体采用的范围管理过程、方法、工具及其实际效果。

要点分析

本题为 2005 年上半年信息系统项目管理师考试论文试题一。

1. 项目范围管理

项目范围管理包含一系列子过程,用以确保项目包含且只包含达到项目成功所必须完成的工作。项目范围是项目目标的更具体的表达。项目的范围管理主要关注信息系统项目内容的定义和控制,确定哪些工作是项目应该做的,哪些不是项目应该做的。

如果没有明确项目的范围,那么将不能有效地解决本应解决的问题,还将使项目开发与管理人员将时间、费用浪费在职责之外的工作上,造成进度拖延、成本超支,继而对质量造成一定的影响。因此,范围管理必须清晰地定义项目目标,此定义必须在客户与执行项目的组织之间达成一致,并且把项目工作范围划分为工作包。

在信息系统项目中,"项目"和"产品"彼此关联又相互独立,由此衍生出产品范围和项目范围。项目范围是指为了能够交付信息系统项目所必须做的工作,产品范围是指信息系统产品或者服务所应该包含的功能。

显然,产品范围是项目范围的基础,产品范围的定义是信息系统要求的量度,而项目范围的定义是产生项目计划的基础,两种在应用上是有区别的。另一个区别则在于产品的需求分析更偏重于软件技术,而项目范围管理则更偏重于管理。项目范围是否完成,是以项目管理计划、项目范围说明书、工作分解结构、工作分解结构词汇表作为衡量标准的,而信息系统产品(或服务)范围是否完成,则是以产品需求说明书作为衡量标准。项目范围管理需要和其他知识领域很好地结合起来,以确保项目能交付所需要的产品范围。

项目范围管理包括为成功完成项目所需要的范围计划编制、范围定义、创建工作分解结构、范围确认和范围控制五个过程。

(1) 范围计划编制。制定一个项目范围管理计划,它规定了如何对项目范围进行定义、确认、控制,以及如何制定工作分解结构。

(2) 范围定义。开发一个详细的项目范围说明书,明确项目的目标、主要可交付成果等,作为将来项目决策的基础。

(3) 创建工作分解结构。将项目的主要可交付成果和项目工作细化为更小、更易于管理的部分。WBS 是项目定义对于项目范围定义的输出结果,WBS 定义了项目的全部范围。WBS 能够帮助项目降低成本,减少离职带来的影响和屏蔽干扰因素。

(4) 范围确认。范围确认主要是正式接受已完成的项目交付成果,并确认是否满足项目利益相关人的要求。

(5) 范围控制。控制项目范围变更。对于范围变更,不能随意进行。所有的变更必须记载,范围控制必须能够对造成范围变化的因素施加影响,估算对项目的资金、进度和风险等影响,以保证变化是有利的,同时需要判断范围变化是否发生,如果已经发生,那么对变化进行管理。对范围变更进行控制时,要以工作分解结构、项目进展报告、变更请求和范围管理计划为依据。进行范围变更控制必须经过范围变更控制系统。

2. 项目需求管理

需求是指由项目接受的或项目产生的产品和产品构件需求,包括由组织征集的对项目的需求,这种需求既有技术性的,也有非技术性的。需求管理的目的,一是确保各方对需求的理解一致；二是管理和控制需求的变更；三是从需求到最终产品的双向跟踪。

通过对应问题及其环境的理解与分析，为问题涉及的信息、功能及系统行为建立模型，将用户需求精确化、完全化，最终形成需求规格说明。这一系列的活动即构成信息系统开发生命周期的需求分析阶段。

需求工程是随着计算机的发展而发展起来的。在计算机发展的初期，系统规模不大，信息系统开发所关注的是代码编写，需求分析很少受到重视。后来信息系统开发引入了生命周期的概念，需求分析成为其第一阶段。随着系统规模的扩大，需求分析与定义在整个开发与维护过程中越来越重要，直接关系到信息系统的成功与否。

需求工程是指应用已证实有效的技术、方法进行需求分析，确定客户需求，帮助分析人员理解问题并定义目标系统的所有外部特征的一门学科。需求工程通过合适的工具和记号系统地描述待开发系统及其行为特征和相关约束，形成需求文档，并对用户不断变化的需求演进给予支持。

需求工程是一个不断反复的需求定义、文档记录、需求演进的过程，并最终在验证的基础上冻结需求。可以把需求工程的活动划分为以下五个独立的阶段。

（1）需求获取。积极地与用户进行交流、捕捉、分析和修正用户对目标系统的需求，并提炼出符合解决问题的用户需求，产生《用户需求说明书》。

（2）需求分析。对各种需求信息进行分析并抽象描述，为最终用户所看到的系统建立一个概念模型，并尽可能多地捕获现实世界的语义。

（3）需求定义。根据需求调查和需求分析的结果，进一步定义准确无误的产品需求，生成需求模型构件的精确形式化描述，作为用户和开发者之间的一个协约，产生《需求规格说明书》。系统设计人员将依据《需求规格说明书》开展系统设计工作。

（4）需求验证。需求验证是指开发方和用户共同对需求文档评审，经双方对需求达成共识后做出书面承诺，使需求文档具有商业合同效果。

（5）需求管理。支持系统的需求演进，确保各方对需求的一致理解，管理和控制需求的变更，从需求到最终产品的双向跟踪。

需求工程的活动可以分为两大类，一类属于需求开发，另一类属于需求管理。需求开发与需求管理密切合作。其中前四个阶段通常统称为需求开发阶段。

3. 需求开发、需求管理和范围管理的区别与联系

由上述的分析可知，需求管理虽然贯穿于信息系统项目的整个生命周期，但只有经过需求分析过程之后才能确定项目的范围，同时，需求的变更会引起项目范围的变更。

首先通过需求开发来获取项目的需求，在此基础上确定项目的范围，进行项目范围管理。需求管理是对已批准的项目需求进行全生命周期的管理，其过程包括需求管理定义、管理需求和实施建议等，其中最主要的工作是需求的变更管理。

4. 范围管理过程、方法和工具

在项目范围管理过程中，工作分解结构是最为人熟知、最为常用的工作分解方法。工作分解结构是一种以结果为导向的分析方法，用于分析项目所涉及的工作。

在项目范围管理的五个过程中,主要使用的方法和工具如下。

(1) 范围计划编制。专家判断、模板、表格、标准。

(2) 范围定义。产品分析、可选方案识别、专家判断法、项目干系人分析。

(3) 创建工作分解结构。WBS模板、分解技术。

(4) 范围确认。检查。

(5) 范围控制。变更控制系统、偏差分析、配置管理系统、重新规划。

解答要点

按照题目的要求,从以下三个方面进行论述。

第一,概要叙述你参与管理过的信息系统项目,以及该项目在需求管理和范围管理方面的情况。

选择近期主持或参与过的信息系统项目进行概要叙述。重点突出项目在需求管理和范围管理方面的情况。

需求管理的目的,一是确保各方对需求的理解一致;二是管理和控制需求的变更;三是从需求到最终产品的双向跟踪。

需求工程是指应用已证实有效的技术、方法进行需求分析,确定客户需求,帮助分析人员理解问题并定义目标系统的所有外部特征的一门学科。需求工程通过合适的工具和记号系统地描述待开发系统及其行为特征和相关约束,形成需求文档,并对用户不断变化的需求演进给予支持。

需求工程是一个不断反复的需求定义、文档记录、需求演进的过程,并最终在验证的基础上冻结需求。需求工程的活动可以分为两大类,一类属于需求开发,另一类属于需求管理。需求开发与需求管理密切合作。可以把需求工程的活动划分为需求获取、需求分析、需求定义、需求验证、需求管理五个独立的阶段。其中前四个阶段通常统称为需求开发阶段。

项目范围管理包含一系列子过程,用以确保项目包含且只包含达到项目成功所必须完成的工作。项目范围是项目目标的更具体的表达。项目的范围管理主要关注信息系统项目内容的定义和控制,确定哪些工作是项目应该做的,哪些不是项目应该做的。

如果没有明确项目的范围,那么将不能有效地解决本应解决的问题,还将使项目开发与管理人员将时间、费用浪费在职责之外的工作上,造成进度拖延、成本超支,继而对质量造成一定的影响。因此,范围管理必须清晰地定义项目目标,此定义必须在客户与执行项目的组织之间达成一致,并且把项目工作范围划分为工作包。

项目范围管理包括为成功完成项目所需要的范围计划编制、范围定义、创建工作分解结构、范围确认和范围控制五个过程。

第二,论述需求开发、需求管理和范围管理的区别与联系。

需求管理虽然贯穿于信息系统项目的整个生命周期,但只有经过需求分析过程之后才能确定项目的范围,同时,需求的变更会引起项目范围的变更。

首先通过需求开发来获取项目的需求,在此基础上确定项目的范围,进行项目范围管理。需求管理是对已批准的项目需求进行全生命周期的管理,其过程包括需求管理定义、管理需求和实施建议等,其中最主要的工作是需求的变更管理。

第三,详细论述在你参与管理过的大型信息系统项目中具体采用的范围管理过程、方法、工具及其实际效果。

在项目范围管理的五个过程中,主要使用的方法和工具如下。

(1)范围计划编制。专家判断、模板、表格、标准。

(2)范围定义。产品分析、可选方案识别、专家判断法、项目干系人分析。

(3)创建工作分解结构。WBS模板、分解技术。

(4)范围确认。检查。

(5)范围控制。变更控制系统、偏差分析、配置管理系统、重新规划。

例3-3　论信息系统工程项目的范围管理

项目范围管理对信息系统项目的成功具有至关重要的意义,在项目范围管理方面出现的问题,是导致项目失败的一个重要原因。要实现高水平的项目范围管理,就要做好与项目干系人的沟通,明确范围需求说明,管理好范围的变更。

请围绕"信息系统工程项目的范围管理"论题,分别从以下三个方面进行论述:

1. 概要叙述你参与的信息系统项目的背景、目的、发起单位的性质、项目周期、交付的产品等相关信息,以及你在其中担任的主要工作。

2. 请简要列出该信息系统项目范围说明书的主要内容,并简要论述如何依据项目范围说明书制定WBS。

3. 请结合你的项目经历,简要论述做好项目范围管理的经验。

要点分析

本题为2010年上半年信息系统项目管理师考试论文试题一。

项目范围管理对信息系统项目的成功具有至关重要的意义,在项目范围管理方面出现的问题,是导致项目失败的一个重要原因。要实现高水平的项目范围管理,就要做好与项目干系人的沟通,明确范围需求说明,管理好范围的变更。其中的项目范围说明书和WBS说明如下。

1. 范围说明书

详细的范围说明书包括或引用的文档如下。

(1)项目目标。项目目标包括衡量项目成功的可量化标准。

(2)产品范围描述。产品范围描述了项目承诺交付的产品、服务或结果的特征。

(3)项目需求。项目需求描述了项目可交付物要满足合同、标准、规范或其他强制性文档所必须具备的条件或能力。

(4)项目边界。项目边界严格地定义了项目内包括什么和不包括什么,以免项目干系人假定某些产品或服务是项目中的一部分。

(5) 项目的可交付物。项目的可交付物包括项目的产品和附属产出物(例如项目管理报告和文档)。

(6) 产品可接受的标准。产品可接受的标准定义了接受最终产品的过程。

(7) 项目的约束条件。指具体的与项目范围相关的约束条件,它会对项目团队的选择造成限制。

(8) 项目的假设条件。与项目相关的假设条件,以及当这些条件不成立时对项目所造成的影响。

(9) 初始的项目组织。确定团队成员和项目干系人。

(10) 初始风险。识别已知的风险。

(11) 进程里程碑。客户或执行组织可以给项目团队定义里程碑,并给定一个强制性日期。

(12) 资金限制。描述了与项目资金相关的所有限制条件,不管是总量上的,还是某一个时间段内的。

(13) 成本估算。项目成本估算会影响项目的总成本。

(14) 项目配置管理需求。描述了配置管理和变更控制的级别。

(15) 项目规范。描述了项目所必须遵守的规范。

(16) 已批准的需求。确定已批准的需求,它们可以应用于项目目标、可交付物和项目工作中。

2. 项目范围管理的主要内容

项目范围管理的主要内容包括以下 5 点。

(1) 范围计划编制。制定一个项目范围管理计划,它规定了如何对项目范围进行定义、确认、控制,以及如何制定工作分解结构。

(2) 范围定义。开发一个详细的项目范围说明书,明确项目的目标、主要可交付成果等,作为将来项目决策的基础。

(3) 创建工作分解结构。将项目的主要可交付成果和项目工作细化为更小更易于管理的部分。

(4) 范围确认。正式接受已完成的项目交付成果,并确认是否满足项目利益相关人的要求。

(5) 范围控制。控制项目范围变更。

3. 制定 WBS 的方法

项目范围说明书中定义的项目可交付物是进行 WBS 分解的基础。

一个 WBS 既可以从一个非正式的活动列表开始,也可以从一个非常结构化的方法着手,这个取决于项目及其约束,并且它可以在项目管理人员希望结束的地方结束。WBS 的目标就是建立一个有用的框架,用以帮助定义和组织工作,然后开始做这项工作。

在进行项目工作分解的时候,一般应该遵从如下几个主要步骤。

(1) 识别项目交付物和相关项目工作。

(2）对 WBS 的结构进行组织。

(3）对 WBS 进行分解。

(4）对 WBS 中各级工作单元分配标识符或编号。

(5）对当前的分解级别进行检验，以确保它们是必需的，而且是足够详细的。

解答要点

按照题目的要求，从以下三个方面进行论述。

第一，概要叙述你参与的信息系统项目的背景、目的、发起单位的性质、项目周期、交付的产品等相关信息，以及你在其中担任的主要工作。

选择近期主持或参与过的信息系统项目进行概要叙述。包括参与的项目背景、目的、发起单位的性质、项目周期、交付的产品、担任的主要工作等。

第二，请简要列出该信息系统项目范围说明书的主要内容，并简要论述如何依据项目范围说明书制定 WBS。

详细的范围说明书包括或引用的文档如下。

(1）项目目标。项目目标包括衡量项目成功的可量化标准。

(2）产品范围描述。产品范围描述了项目承诺交付的产品、服务或结果的特征。

(3）项目需求。项目需求描述了项目可交付物要满足合同、标准、规范或其他强制性文档所必须具备的条件或能力。

(4）项目边界。项目边界严格地定义了项目内包括什么和不包括什么，以免项目干系人假定某些产品或服务是项目中的一部分。

(5）项目的可交付物。项目的可交付物包括项目的产品和附属产出物（例如项目管理报告和文档）。

(6）产品可接受的标准。产品可接受的标准定义了接受最终产品的过程。

(7）项目的约束条件。指具体的与项目范围相关的约束条件，它会对项目团队的选择造成限制。

(8）项目的假设条件。与项目相关的假设条件，以及当这些条件不成立时对项目所造成的影响。

(9）初始的项目组织。确定团队成员和项目干系人。

(10）初始风险。识别已知的风险。

(11）进程里程碑。客户或执行组织可以给项目团队定义里程碑，并给定一个强制性日期。

(12）资金限制。描述了与项目资金相关的所有限制条件，不管是总量上的，还是某一个时间段内的。

(13）成本估算。项目成本估算会影响项目的总成本。

(14）项目配置管理需求。描述了配置管理和变更控制的级别。

(15）项目规范。描述了项目所必须遵守的规范。

（16）已批准的需求。确定已批准的需求,它们可以应用于项目目标、可交付物和项目工作中。

在进行项目工作分解的时候,一般应该遵从如下几个主要步骤。

（1）识别项目交付物和相关项目工作。

（2）对 WBS 的结构进行组织。

（3）对 WBS 进行分解。

（4）对 WBS 中各级工作单元分配标识符或编号。

（5）对当前的分解级别进行检验,以确保它们是必需的,而且是足够详细的。

第三,请结合你的项目经历,简要论述做好项目范围管理的经验。

项目范围管理的主要内容包括以下 5 点。

（1）范围计划编制。制定一个项目范围管理计划,它规定了如何对项目范围进行定义、确认、控制,以及如何制定工作分解结构。

（2）范围定义。开发一个详细的项目范围说明书,明确项目的目标、主要可交付成果等,作为将来项目决策的基础。

（3）创建工作分解结构。将项目的主要可交付成果和项目工作细化为更小更易于管理的部分。

（4）范围确认。正式接受已完成的项目交付成果,并确认是否满足项目利益相关人的要求。

（5）范围控制。控制项目范围变更。

3.4 项目成本管理

3.4.1 理论基础

1. 项目成本管理概述

项目成本管理就是在整个项目的实施过程中,为确保项目在批准的预算条件下尽可能保质保量按期完成,而对所需的各个过程进行管理与控制。其主要目标是确保在批准的预算范围内完成项目所需的各个过程,项目成本是考量的关键。

项目成本是指为完成项目目标而付出的费用和消耗的资源,它包括项目的全过程中所消耗的各种费用的总和,也即项目成本包括项目决策成本、项目招标成本、项目实施成本等。其中项目实施成本是总成本的主要组成部分,与此相关的重要概念如下。

（1）直接成本。指可以从项目上找到直接出处的成本,如材料费、工人的工资等。

（2）间接成本。指不能直接计入各产品成本的费用成本,如管理费用、水费等。

（3）固定成本。指不随生产量、工作量或时间的变化而变化的非重复成本,如专家指导课时费等。

（4）可变成本。也称为变动成本,指随着生产量、工作量或时间而变的成本。

(5) 可控成本。指项目经理可以直接控制的成本。

(6) 不可控成本。指项目经理不能直接控制的成本。

(7) 机会成本。指因为选择一个项目而必须放弃另一个项目,另一个项目可以带来的利益就是这个被选择项目的机会成本。

(8) 沉没成本。指任何已经花费出去的成本,与是否合理无关。在确定是否继续做项目时不需要考虑。

(9) 不可预见费。也称为风险准备金,指用来应对可能出现的负面风险的费用。项目预算中要包括一定的不可预见费。项目进度安排也要考虑到一定的风险,预留一定的余地。按照项目实际来看,项目的成本预算和进度计划的 $70\%\sim80\%$ 的概率是可以实现的。

(10) 运营资本。指项目本身可以运用的所有资金。

(11) 收益递减规律。指随着投入的增加,单位投入的产出会呈现逐渐减少的趋势。

(12) 边际分析。指分析单位收入所能带来的单位产出。

(13) 折旧。指固定资产随着时间而产生的逐渐损耗。

项目成本管理的主要过程如下。

(1) 成本估算过程。成本估算过程要对完成项目所需成本进行估计和计划,是项目计划中一个重要的、关键的、敏感的部分。

(2) 成本预算过程。成本预算过程要把估算的总成本分配到项目的各个工作细目,建立成本基准计划以衡量项目绩效。

(3) 成本控制过程。成本控制过程保证各项工作在各自的预算范围内进行。

项目成本估算是对完成项目所需费用的估计和计划,是项目计划中的一个重要组成部分。要实行成本控制,首先要进行成本估算。理想的是,完成某项任务所需费用可以根据历史标准估算。但是对许多项目来说,由于项目和计划变化多端,把以前的活动与现实对比几乎是不可能的。费用的信息,不管是否根据历史标准,都只能将其作为一种估算。所以,成本估算显然是在一个无法以高度可靠性预计的环境下进行的。

在信息系统项目管理过程中,为了使时间、费用和工作范围内的资源得到最佳利用。人们开发了很多成本估算的工具和技术,以尽量得到较好的估算。这些工具和技术包括自上而下估算法、自下而上估算法、确定资源费率、项目管理软件等。

项目费用成本的控制就是监控成本的正负偏差,分析原因和采取措施以确保项目朝着有利的方向发展。对于以项目为基本运作单位的企业来说,成本控制能力直接关系赢利水平,因此多数企业都将成本控制放在重要位置。可是很多 IT 企业的项目经理往往对技术和管理更看重,恰恰对成本最不重视,甚至对有关"钱"、"财(务)"的话题非常反感。

项目成本控制工作的主要包括如下内容。

(1) 识别可能引起项目成本基准计划发生变动的因素,并对这些因素施加影响,以保证该变化朝着有利的方向发展。

(2) 以工作包为单位,监督成本的实施情况,发现实际成本与预算成本之间的偏差,查找出产生偏差的原因,做好实际成本的分析评估工作。

(3) 对发生成本偏差的工作包实施管理,有针对性地采取纠正措施,必要时可以根据实际情况对项目成本基准计划进行适当的调整和修改,同时要确保所有的相关变更都准确地记录在成本基准计划中。

(4) 将核准的成本变更和调整后的成本基准计划通知项目的相关人员。

(5) 防止不正确的、不合适的或未授权的项目变动所发生的费用被列入项目成本预算。

(6) 在进行成本控制的同时,应该与项目范围变更、进度计划变更、质量控制等紧密结合,防止因单纯控制成本而引起项目范围、进度和质量方面的问题,甚至出现无法接受的风险。

2. 挣值分析

挣值分析法是一种项目绩效衡量方法,主要用于实际成本的绩效测量。其基本思想是通过测量和计算已完成工作的预算费用与已完成的实际费用,将其与计划工作的预算费用相比较得到项目的费用偏差,从而达到判断项目成本和进度计划执行情况的目的,以此来帮助项目管理者分析正在进行的项目的完工程度,衡量正在进行的项目的成本效率,为成本控制措施的选取提供依据。同时还能对项目成本的发展趋势做出预测与判断,提出相应的对策。

与挣值分析相关的基本概念主要有:

(1) 计划价值(PV)。指项目实施过程中某阶段计划要完成的工作的价值,是计划完成工作的预算价值。计算公式表示为

$$计划价值 = 计划工作量 \times 预算单价$$

(2) 实际成本(AC)。指项目实施过程中某阶段实际已经花费的成本,是实际已完成工作的实际成本。计算公式表示为

$$实际成本 = 实际已完成的工作量 \times 实际单价$$

(3) 挣值(EV)。指项目实施过程中某阶段实际已经完成的工作的预算价值,是实际已完工作的预算价值。计算公式表示为

$$挣值 = 实际已完成的工作量 \times 预算单价$$

(4) 完工预算(BAC)。指整个项目的成本基准,完工预算一般不会变化。

与此相关的指标有 TBC、CBC、CAC、CEV 等。TBC 称总预算成本,它表明完成一个项目总共需要多少钱。IT 项目的人力成本占相当比重,如果在预算中不计人力成本,项目经理往往就会要求投入更多人力资源,从公司整体角度讲这无疑造成了极大的浪费。CBC 称为累计预算成本,描述了一个项目按照预算在某个特定的时间点上应该花费的成本的总和。CAC 称为累计实际成本,描述了一个项目在某个特点的时间点实际已经花费的所有成本的总和。CEV 称为累计实现价值,也称为挣值,描述了一个项目在某个特点的时间点所有已经完成的工作产品的价值。TBC 表示总共需要多少资金,而 CBC、CAC 和 CEV 则分别表示某个特定时间点上的"总预算"、"总投入"和"总产出"。

得到了上面 4 个主要参数后,就可以对数据进行必要的分析以确定项目的状态。挣值

分析法的四个重要参数为成本偏差(CV)、进度偏差(SV)、成本执行指数(CPI)和进度执行指标(SPI)。

(1) 成本偏差(CV)。公式表示为

$$CV = CEV - CAC$$

其中,CV 表示当前产出的价值与投入成本的差异。

当 CV 为正值时,表示实际消耗的人工或费用低于预算值,即项目有结余或效率高。

当 CV 等于零时,表示实际消耗的人工或费用等于预算值。

当 CV 为负值时,表示实际消耗的人工或费用超出预算值,即项目超支了。

(2) 进度偏差(SV)。公式表示为

$$SV = CEV - CBC$$

其中,CBC 不但表示在一个特定时间点的累计预算,其实还隐含表示在这个特定时间点上应该的产出,因此 SV 表示当前产出的价值与预期产出价值的偏差。

当 SV 为正值时,表示产出比预期的要快,即进度提前。

当 SV 等于零时,表示实际与计划相符。

当 SV 为负值时,表示产出比预期的要慢,即进度滞后。

(3) 成本执行指标(CPI)。公式表示为

$$CPI = EV/AC$$

它表示投入单位成本可以产出的价值。

当 CPI>1 时,表示低于预算,即实际费用低于预算费用。

当 CPI=1 时,表示实际费用与预算费用吻合。

当 CPI<1 时,表示超出预算,即实际费用高于预算费用。

(4) 进度执行指标(SPI)。公式表示为

$$SPI = EV/PV$$

它表示当前完成的工作量占预计完成工作量的比例。

当 SPI>1 时,表示进度超前。

当 SPI=1 时,表示实际进度与计划进度相同。

当 SPI<1 时,表示进度延误。

除了对项目进行绩效分析外,还可以进行预测计算 FCAC 预计完工成本。简单的有三种方法:

(1) FCAC=TBC/CPI,表示如果项目继续以当前的成本绩效水平运行,完工时需要的成本。

(2) FCAC=CAC+(TBC-CEV),表示如果项目剩余部分按预算完成,完工需要的成本;

(3) FCAC=CAC+重估剩余工程预算,这实际上要求完全重新估算;完成成本分析后可能需要采取必要措施进行调整。确定调整对象时应该优先考虑成本偏差大、成本绩效差、成本高的工作包,并从近期开始工作任务着手进行调整。纠正措施包括使用合格的但成本

较低的人工或材料,派有经验的人指导工作,减少工作范围或降低进度、质量等。其实这没有一定之规,要具体问题具体分析。

总之,成本控制首先要规划花钱的计划 CBC,然后定期核算 CAC 和 CEV,通过分析偏差和绩效指标弄清项目状态,进而通过成本预测和采取措施确保成本向有利的方向发展。

3. 项目成本管理知识体系

项目成本管理知识体系(输入、工具技术与输出)如表 3.4 所示。

表 3.4 项目成本管理知识体系(输入、工具技术与输出)

	输入	工具和技术	输出
成本估算	项目章程 项目范围说明书 项目管理计划 WBS 和 WBS 字典 进度管理计划 员工管理计划 风险事件 环境和组织因素 组织过程资产	自上而下的成本估算 资源单价法 自下而上的成本估算 利用计算机工具 其他的估算方法 意外事件的估算 质量成本	项目成本估算结果 相关支持性细节文件和结果
成本预算	项目成本估算 工作分解结构 项目进度计划 项目章程 项目管理计划 风险管理计划	成本总计 管理储备 参数模型 支出的合理性原则	成本基准计划 项目资金需求 项目管理计划(更新)
成本控制	成本绩效报告 批准的变更申请 成本基准计划 项目资金需求	成本变更控制系统 绩效测量 项目绩效评估 计算机工具 偏差管理	项目管理计划更新 建议的纠正措施 完工估算(EAC) 变更需求 组织过程资产(更新)

3.4.2 论文指导

例 3-4 论信息系统项目的成本管理

项目成本管理是项目管理的一个重要组成部分,它是指在项目的实施过程中,为了保证完成项目所花费的实际成本不超过其预算成本而展开的项目成本估算、项目预算编制和项目成本控制等方面的管理活动。

为保证项目能完成预定的目标,必须要加强对项目实际发生成本的控制,一旦项目成本失控,就难以在预算内完成项目,不良的成本控制会使项目处于超出预算的危险境地。在项目的实际实施过程中,项目超出预算的现象还是屡见不鲜。实际上,只要在项目成本管理中树立正确的思想,采用适当的方法,遵循一定的程序,严格做好估算、预算和成本控制工作,将项目的实际成本控制在预算成本以内是完全可能的。

请围绕"论信息系统项目的成本管理"论题,分别从以下三个方面进行论述:

1. 概要叙述你参与管理和开发的信息系统项目以及你在其中担任的主要工作。
2. 结合你所参与的项目,从成本估算、成本预算和成本控制三方面论述项目成本管理所应实施的活动。
3. 叙述你所参与的项目的成本管理过程,并加以评价。

要点分析

本题为 2009 年下半年信息系统项目管理师考试论文试题一。

项目成本管理是信息系统项目管理的一个重要组成部分。项目成本管理是在项目的实施过程中,为了保证完成项目所花费的实际成本不超过项目预算而开展的项目成本估算、项目预算编制和项目预算控制等方面的管理活动。项目成本管理也是为了确保项目在既定预算内按时、按质、经济、高效地实现项目目标所开展的一种项目管理过程。其中成本估算、成本预算、成本控制是项目成本管理主要关注的内容。

1. 成本估算

成本估算是指编制一个为完成项目各项活动所需要的各种资源成本的近似估算。成本估算需要根据活动资源估算中所确定的资源需求,以及市场上各种资源的价格信息来进行。在估算成本时,需要考虑成本估算偏差的可能原因。随着项目的推进,成本估算所需基础数据的逐步细化和趋于准确,项目生命周期的不同阶段进行的成本估算也会逐渐趋于准确。

编制项目成本估算的步骤主要有如下 3 步:

(1) 识别并分析项目成本的构成科目,即项目成本中所包括的资源或服务的类目。
(2) 根据已识别的项目成本构成科目,估算每一成本科目的成本大小。
(3) 分析成本估算结果,找出各种可以相互替代的成本,协调各种成本之间的比例关系。

成本估算的输入,即编制项目成本估算的主要依据,主要有如下 6 个:

(1) 企业环境因素。市场条件、商业数据库等。
(2) 组织过程资产。成本估算政策、成本估算模板、商业数据库、历史信息、项目档案、项目团队知识、教训等。
(3) 项目范围说明书。详见范围管理部分的内容。
(4) 工作分解结构。详见范围管理部分的内容。
(5) WBS 词典。WBS 词典和相关的工作说明,提供了标识的交付物,用于描述在 WBS 中各组成部分需要在工作中完成的具体工作。
(6) 项目管理计划。进度管理计划、员工管理计划、风险事件等。

成本估算的工具和技术介绍如下：

（1）类比估算法。又称自上而下估算法，这种方法实质上是一种专家判断法。

（2）确定资源费率。估算单价的个人和准备资源的小组必须清楚了解资源的单价，然后对项目活动进行估计。

（3）自上而下的成本估算。又称工料清单法，这种方法估算的结果十分详细、准确，但是实际操作非常耗时，同时需要大量的经费支持。

（4）项目管理软件。项目管理软件已被广泛应用于成本估算。

（5）卖方投标分析。卖方投标分析和项目所需成本分析。

（6）准备金分析。应急储备是由项目经理自由使用的估算费用，用来处理预期但不确定的事件。

（7）质量成本。质量成本是必须考虑的因素。

成本估算的输出主要包括如下内容：

（1）项目成本估算结果。以摘要或者详细的形式描述了实施项目所必须的全部资源以及这些资源的数量、质量标准和成本。还要包括为了对付项目可能会遇到的某些意外事件所支付的具有不可预见性的意外成本。

（2）相关支持性细节文件和结果。主要包括项目工作范围说明、项目成本估算的基础和依据文件、项目成本估算所做的假设说明、项目成本估算的限制条件说明、项目成本估算结果的误差变动范围。

（3）请求的变更。请求的变更要通过整体变更控制流程进行评估和审查。

（4）成本管理计划（更新）。成本估算过程可能涉及成本管理计划。

2. 成本预算

项目成本预算是进行项目成本控制的基础，它是将项目的成本估算分配到项目的各项具体工作上，以确定项目各项工作和活动的成本定额，制定项目成本的控制标准，规定项目意外成本的划分与使用规则的一项项目管理工作。

成本预算的步骤主要有如下几步：

（1）分摊项目总成本到项目工作分解的各个工作包中，为每一个工作包建立总预算成本，在将所有工作包的预算成本额加总时，结果不能超过项目的总预算成本。

（2）将每个工作包分配得到的成本再二次分配到工作包所包含的各项活动上。

（3）确定各项成本预算支出的时间计划以及每一时间点对应的累计预算成本（截止到该时间点的每期预算成本额的加总），制定出项目成本预算计划。

成本预算的输入，即项目成本预算的主要依据，主要包括如下内容：

（1）项目范围说明书。

（2）工作分解结构。

（3）WBS字典。

（4）活动成本估算。汇总一个工作包内每个活动的成本估算，从而获得每个工作包的成本估算。

（5）活动成本估算的支持性细节。

（6）项目进度计划。

成本预算的工具和技术如下：

（1）成本总计。依据 WBS 工作包将成本预算总计。

（2）管理储备。管理储备是为应对未计划但是可能需要的范围和成本的潜在变更而预留的预算。

（3）参数模型。建立参数模型指在数学模型中运用项目特点（参数）来预测项目成本。

（4）支出的合理性原则。

成本预算的输出主要包括如下内容：

（1）成本基准计划。成本基准是用来度量与监测项目成本绩效的按时间分段预算。

（2）项目资金需求。总资金是成本基线与管理储备之和。

（3）项目管理计划（更新）。成本预算过程可能涉及成本管理计划。

（4）请求的变更。请求的变更通过整体变更控制过程进行评估和处理。

3. 成本控制

项目成本控制是指项目组织为保证在变化的条件下实现其预算成本，按照事先拟订的计划和标准，采用各种方法对项目实施过程中能够发生的各种实际成本与计划成本进行对比、检查、监督、引导和纠正，尽量使项目的实际成本控制在计划和预算范围内的管理过程。

项目成本控制的主要内容包括：

（1）识别可能引起项目成本基准计划发生变动的因素，并对这些因素施加影响，以保证该变化朝着有利的方向发展。

（2）以工作包为单位，监督成本的实施情况，发现实际成本与预算成本之间的偏差，查找出产生偏差的原因，做好实际成本的分析评估工作。

（3）对发生成本偏差的工作包实施管理，有针对性地采取纠正措施，必要时可以根据实际情况对项目成本基准计划进行适当调整和修改，同时要确保所有相关变更都准确地记录在成本基准计划中。

（4）将核准的成本变更和调整后的成本基准计划通知项目的相关人员。

（5）防止不正确、不合适或未授权的项目变更所发生的费用被列入项目成本预算。

（6）在进行成本控制的同时，应该与项目范围变更、进度计划变更和质量控制等紧密结合，防止因单纯控制成本引起项目范围、进度和质量方面的问题，甚至出现无法接受的风险。

有效控制成本的关键是经常及时地分析成本绩效，尽早发现成本差异和成本执行的无效率，以便在情况变坏之前能够及时采取纠正措施。

项目成本控制的输入，即项目成本控制的主要依据，主要包括如下内容：

（1）成本基准。

（2）项目的资金需求。

（3）成本绩效报告。成本绩效报告是记载项目预算的实际执行情况的资料，它的主要内容包括项目各个阶段或各项工作的成本完成情况，是否超出了预先分配的预算，存在哪些问题等。

(4) 工作绩效信息。工作绩效信息收集正在执行的项目活动的相关信息(包括状态和成本信息)。

(5) 批准的变更申请。变更申请是项目的干系人以口头或者书面的方式提出的有关更改项目工作内容和成本的请求,其结果是增加项目成本或者减少项目成本,有关项目的任何变动都必须经过项目业主或客户的同意,以获得他们的资金支持。项目管理者要根据变更后的项目工作范围或成本预算来对项目成本实施控制。

(6) 项目管理计划。在执行成本控制过程时,应考虑项目管理计划及其成本管理计划和其他相关计划。

成本控制的工具和技术如下:

(1) 成本变更控制系统。这是一种项目成本控制的程序性方法,主要通过建立项目成本变更控制体系,对项目成本进行控制。

(2) 绩效测量。主要用于估算确实发生的任何变化的大小。

(3) 项目绩效评估。项目组需要召开绩效评估会议来估计项目活动的情况和进度。常见的绩效报告技术有偏差分析、趋势分析、挣值分析。

(4) 预测技术。完工估算是根据项目绩效和风险量化对项目总成本的预测。

(5) 项目管理软件。项目管理软件、电子表格等。

(6) 偏差管理。成本控制中,需要对过程中发现的偏差明确应对措施。

成本控制的输出主要包括如下内容:

(1) 成本估算(更新)。是指对用于项目管理的费用资料所做的修改。

(2) 成本基准(更新)。预算更新是对批准的成本基准所做的变更。

(3) 绩效衡量。

(4) 预测完工。

(5) 请求的变更。

(6) 建议的纠正措施。

(7) 项目管理技术更新。

(8) 组织过程资产(更新)。成本控制过程的经验、教训,设置的模板、流程的改进,都属于组织过程资产。

解答要点

按照题目的要求,从以下三个方面进行论述。

第一,概要叙述你参与管理和开发的信息系统项目以及你在其中担任的主要工作。

选择近期主持或参与过的信息系统项目进行概要叙述。

第二,结合你所参与的项目,从成本估算、成本预算和成本控制三方面论述项目成本管理所应实施的活动。

1. 成本估算

成本估算是指编制一个为完成项目各项活动所需要的各种资源成本的近似估算。成本估算需要根据活动资源估算中所确定的资源需求,以及市场上各种资源的价格信息来进行。

编制项目成本估算的步骤主要有如下三步:

(1) 识别并分析项目成本的构成科目,即项目成本中所包括的资源或服务的类目。

(2) 根据已识别的项目成本构成科目,估算每一成本科目的成本大小。

(3) 分析成本估算结果,找出各种可以相互替代的成本,协调各种成本之间的比例关系。

成本估算的输入,即编制项目成本估算的主要依据,主要有如下几个:

(1) 企业环境因素。市场条件、商业数据库等。

(2) 组织过程资产。成本估算政策、成本估算模板、商业数据库、历史信息、项目档案、项目团队知识、教训等。

(3) 项目范围说明书。详见范围管理部分的内容。

(4) 工作分解结构。详见范围管理部分的内容。

(5) WBS 词典。WBS 词典和相关的工作说明,提供了标识的交付物,用于描述在 WBS 中各组成部分需要在工作中完成的具体工作。

(6) 项目管理计划。进度管理计划、员工管理计划、风险事件等。

成本估算的工具和技术介绍如下:

(1) 类比估算法。又称自上而下估算法,这种方法实质上是一种专家判断法。

(2) 确定资源费率。估算单价的个人和准备资源的小组必须清楚了解资源的单价,然后对项目活动进行估计。

(3) 自上而下的成本估算。又称工料清单法。这种方法估算的结果十分详细、准确,但是实际操作非常耗时,同时需要大量的经费支持。

(4) 项目管理软件。项目管理软件已被广泛应用于成本估算。

(5) 卖方投标分析。卖方投标分析和项目所需成本分析。

(6) 准备金分析。应急储备是由项目经理自由使用的估算费用,用来处理预期但不确定的事件。

(7) 质量成本。质量成本是必须考虑的因素。

成本估算的输出主要包括如下内容:

(1) 项目成本估算结果。以摘要或者详细的形式描述了实施项目所必须的全部资源以及这些资源的数量、质量标准和成本。还要包括为了对付项目可能会遇到的某些意外事件所支付的具有不可预见性的意外成本。

(2) 相关支持性细节文件和结果。主要包括项目工作范围说明、项目成本估算的基础和依据文件、项目成本估算所做的假设说明、项目成本估算的限制条件说明、项目成本估算结果的误差变动范围。

(3) 请求的变更。请求的变更要通过整体变更控制流程进行评估和审查。

(4) 成本管理计划(更新)。成本估算过程可能涉及成本管理计划。

2. 成本预算

项目成本预算是进行项目成本控制的基础,它是将项目的成本估算分配到项目的各项具体工作上,以确定项目各项工作和活动的成本定额,制定项目成本的控制标准,规定项目意外成本的划分与使用规则的一项项目管理工作。

成本预算的步骤主要有如下6步:

(1) 分摊项目总成本到项目工作分解的各个工作包中,为每一个工作包建立总预算成本,在将所有工作包的预算成本额加总时,结果不能超过项目的总预算成本。

(2) 将每个工作包分配得到的成本再二次分配到工作包所包含的各项活动上。

(3) 确定各项成本预算支出的时间计划以及每一时间点对应的累计预算成本(截止到该时间点的每期预算成本额的加总),制定出项目成本预算计划。

成本预算的输入,即项目成本预算的主要依据,主要包括如下内容:

(1) 项目范围说明书。

(2) 工作分解结构。

(3) WBS 字典。

(4) 活动成本估算。汇总一个工作包内每个活动的成本估算,从而获得每个工作包的成本估算。

(5) 活动成本估算的支持性细节。

(6) 项目进度计划。

成本预算的工具和技术如下:

(1) 成本总计。依据 WBS 工作包将成本预算总计。

(2) 管理储备。管理储备是为应对未计划但是可能需要的范围和成本的潜在变更而预留的预算。

(3) 参数模型。建立参数模型指在数学模型中运用项目特点(参数)来预测项目成本。

(4) 支出的合理性原则。

成本预算的输出主要包括如下内容:

(1) 成本基准计划。成本基准是用来量度与监测项目成本绩效的按时间分段预算。

(2) 项目资金需求。总资金是成本基线与管理储备之和。

(3) 项目管理计划(更新)。成本预算过程可能涉及成本管理计划。

(4) 请求的变更。请求的变更通过整体变更控制过程进行评估和处理。

3. 成本控制

项目成本控制是指项目组织为保证在变化的条件下实现其预算成本,按照事先拟订的计划和标准,采用各种方法对项目实施过程中能够发生的各种实际成本与计划成本进行对比、检查、监督、引导和纠正,尽量使项目的实际成本控制在计划和预算范围内的管理过程。

项目成本控制的主要内容包括:

(1) 识别可能引起项目成本基准计划发生变动的因素,并对这些因素施加影响,以保证该变化朝着有利的方向发展。

(2) 以工作包为单位,监督成本的实施情况,发现实际成本与预算成本之间的偏差,查找出产生偏差的原因,做好实际成本的分析评估工作。

(3)对发生成本偏差的工作包实施管理,有针对性地采取纠正措施,必要时可以根据实际情况对项目成本基准计划进行适当调整和修改,同时要确保所有相关变更都准确地记录在成本基准计划中。

(4)将核准的成本变更和调整后的成本基准计划通知项目的相关人员。

(5)防止不正确、不合适或未授权的项目变更所发生的费用被列入项目成本预算;

(6)在进行成本控制的同时,应该与项目范围变更、进度计划变更和质量控制等紧密结合,防止因单纯控制成本引起项目范围、进度和质量方面的问题,甚至出现无法接受的风险。

有效控制成本的关键是经常及时地分析成本绩效,尽早发现成本差异和成本执行的无效率,以便在情况变坏之前能够及时采取纠正措施。

项目成本控制的输入,即项目成本控制的主要依据,主要包括如下内容:

(1)成本基准。

(2)项目的资金需求。

(3)成本绩效报告。成本绩效报告是记载项目预算的实际执行情况的资料,它的主要内容包括项目各个阶段或各项工作的成本完成情况,是否超出了预先分配的预算,存在哪些问题等。

(4)工作绩效信息。工作绩效信息收集正在执行的项目活动的相关信息(包括状态和成本信息)。

(5)批准的变更申请。变更申请是项目的干系人以口头或者书面的方式提出的有关更改项目工作内容和成本的请求,其结果是增加项目成本或者减少项目成本,有关项目的任何变动都必须经过项目业主或客户的同意,以获得他们的资金支持。项目管理者要根据变更后的项目工作范围或成本预算来对项目成本实施控制。

(6)项目管理计划。在执行成本控制过程时,应考虑项目管理计划及其成本管理计划和其他相关计划。

成本控制的工具和技术如下:

(1)成本变更控制系统。这是一种项目成本控制的程序性方法,主要通过建立项目成本变更控制体系,对项目成本进行控制。

(2)绩效测量。主要用于估算确实发生的任何变化的大小。

(3)项目绩效评估。项目组需要召开绩效评估会议来估计项目活动的情况和进度。常见的绩效报告技术有:偏差分析、趋势分析、挣值分析。

(4)预测技术。完工估算是根据项目绩效和风险量化对项目总成本的预测。

(5)项目管理软件。项目管理软件、电子表格等。

(6)偏差管理。成本控制中,需要对过程中发现的偏差明确应对措施。

成本控制的输出主要包括如下内容:

(1)成本估算(更新)。是指对用于项目管理的费用资料所做的修改。

(2)成本基准(更新)。预算更新是对批准的成本基准所做的变更。

(3) 绩效衡量。

(4) 预测完工。

(5) 请求的变更。

(6) 建议的纠正措施。

(7) 项目管理技术更新。

(8) 组织过程资产(更新)。成本控制过程的经验、教训,设置的模板、流程的改进,都属于组织过程资产。

第三,叙述你所参与的项目的成本管理过程,并加以评价。

例 3-5　论信息系统项目的成本管理

长期以来,有很多项目经理只关注项目是否按期完成和质量情况,却缺少对成本的责任控制,项目超预算的现象屡见不鲜,往往是项目完成后进行核算时才发现只有很少的利润甚至根本没有利润。企业是以赢利为目的的,越来越多的企业对其下属项目经理提出了成本管理的要求。

为保证项目能完成预定的目标,必须要加强对项目中成本的控制。项目成本管理包括对成本进行估算、预算和控制的各过程,从而确保项目在批准的预算内完工。随着项目管理理论和技术的发展,项目的成本管理和控制已经不只是管理的问题,而是管理思想、经济和技术的综合反映。

请围绕"信息系统项目的成本管理"论题,分别从以下三个方面进行论述:

1. 简要叙述你参与管理过的信息系统项目(如项目背景、发起单位、项目目标、项目内容、组织结构、项目周期、交付产品、项目特色等)。

2. 基于你对成本管理的认识,并结合你所管理的项目情况,论述项目成本管理所应实施的活动。请围绕但不局限于以下要点:

(1) 成本管理的概念和重要性。

(2) 成本管理的基本活动、技术或方法。

(3) 你所在的项目如何实施成本管理,采用了哪些方法,进行成本管理后的效果如何。

3. 结合你的项目管理经历,总结信息系统项目在进行成本管理时应重点关注的内容。谈谈你的心得体会或经验教训。

要点分析

本题为 2011 年上半年信息系统项目管理师考试论文试题二。

项目管理的概念、进行成本管理应实施的活动(成本估算、成本预算和成本控制)等参考例 3-4 题要点分析。

根据成本估算、预算和控制三个方面,结合所管理的项目实际应用过程进行叙述,体现出信息系统项目管理的经验。

解答要点

按照题目的要求,从以下三个方面进行论述。

第一,简要叙述你参与管理过的信息系统项目(如项目背景、发起单位、项目目标、项目内容、组织结构、项目周期、交付产品、项目特色等)。

选择近期主持或参与过的信息系统项目进行概要叙述。

第二,基于你对成本管理的认识,并结合你所管理的项目情况,论述项目成本管理所应实施的活动。

项目管理的概念、进行成本管理应实施的活动(成本估算、成本预算和成本控制)等参考例 3-4 题要点分析。

第三,结合你的项目管理经历,总结信息系统项目在进行成本管理时应重点关注的内容。谈谈你的心得体会或经验教训。

总结某一类信息系统项目的成本管理重点,例如软件项目应重点关注人力成本,可以介绍人力成本控制的一些措施。再如,硬件集成类的项目,应降低采购成本、工程实施成本和人力成本几个方面,可以给出一些控制措施。

或者总结在成本管理工作中的心得体会或经验教训。例如,从成本控制的角度介绍项目中的做法(如挣值分析),也可以举例说明以前的某个项目由于什么原因导致成本失控,今后应该采取的一些措施等。其中的措施应具体、有效,论述应得当。

3.5 项目质量管理

3.5.1 理论基础

1. 项目质量管理概述

针对质量的定义,有不同的定义说法。根据 ISO 9000 质量管理体系的定义,质量是一组固有特性满足需求的程度。需求指明示的、通常隐含的或必须履行的需求或期望,特性是指可区分的特性——可以是固有的或赋予的、定性的或定量的、有各种类别的(物理的、感官的、行为的、时间的、功能的等)。根据美国项目管理协会的定义,质量是一种产品或服务能满足对其明确或隐含需求的程度产生影响的该产品或服务特性和性质的全部。

项目质量是项目的主要目标之一。项目质量的好坏会直接影响各项目干系人对项目可交付成果的评价,并决定他们是否接受项目成果以及愿意为项目经理提供后续的项目机会。从项目作为一次性的活动来看,项目质量体现在由工作分解结构反映出的项目范围内所有阶段、子阶段、项目工作单元的质量所构成,也即项目的工作质量。从项目作为一项最终产品来看,项目质量体现在其性能或者使用价值上,也即项目的产品质量。

项目质量管理是指为了确保项目质量目标要求而开展的项目管理活动,其根本目的是保障最终交付的项目产出物能够符合质量要求。项目质量管理包括两个方面的内容,第一是项目工作质量的管理,第二是项目产出物的质量管理。

项目质量管理过程包括执行组织关于确定质量方针、目标和职责的所有活动,使得项目可以满足其需求。项目质量管理通过质量规划、质量保证、质量控制程序和过程以及连续的过程改进活动实施来实现质量管理系统。

项目质量管理主要是依赖于质量计划、质量控制、质量保证及质量改进所形成的质量保证系统来实现的,也即项目质量管理主要包括质量规划、质量保证以及质量控制三个过程。

(1)质量规划。确定哪些质量标准与项目相关,并决定应该如何达到并满足这些质量标准。信息系统项目的质量标准可能包括功能性、稳定性、经济性、生命力、适用性、可靠性、安全性、可维护性、移植性等信息系统产品指标和服务时间、服务能力、服务态度等客户服务指标。

(2)质量保证。用于有计划、系统的质量活动(如审计或同行审查),确保项目中的所有必须过程满足项目干系人的期望。该项目过程对项目的最终结果负责,而且还要对整个项目过程承担质量责任。高级管理层应该强调全体员工在质量保证活动中发挥作用,尤其是高级管理者要发挥作用。

(3)质量控制。监控具体项目结果以确定其是否符合相关质量标准,制定有效方案,以消除产生质量问题的原因。对于信息系统项目,一般采用软件测试和配置管理等质量控制手段来有效控制信息系统产品质量,与传统制造行业常采用统计抽样、控制图等工具有很大区别。

质量规划的输入包括如下内容:

(1)项目章程。

(2)项目管理计划。

(3)项目范围说明书。

(4)组织过程资产。

(5)环境和组织因素。

质量规划的工具和技术主要有:

(1)成本/效益分析。在质量规划的过程中,必须权衡成本与效益之间的关系。

(2)基准分析。基准分析就是将实际实施过程中或计划之中的项目做法同其他类似项目的实际做法进行比较,通过比较来改善与提高目前项目的质量管理,以达到项目预期的质量或其他目标。

(3)实验设计。实验设计是一种统计分析技术,可以用来帮助人们识别并找出哪些变量对项目结果的影响最大。

(4)质量成本。质量成本是指为了达到产品或服务质量而进行的全部工作所发生的所有成本。

质量规划的输出包括如下内容:

(1)质量管理计划。

(2)质量度量指标。

(3)质量检查单。

(4)过程改进计划。

(5)项目管理计划(更新)。

执行质量保证的输入包括如下内容:

(1)质量管理计划。

(2)质量度量标准。

(3)过程改进计划。

(4)工作绩效信息。

(5)变更请求。

(6)质量控制测量。

执行质量保证的工具和技术主要有:

(1)质量计划工具和技术。包括成本/效益分析、基准比较法、实验设计以及质量成本等方法。

(2)质量审计。质量审计是对其他质量管理活动的结构性的审计,是决定一个项目质量活动是否符合组织政策、过程和程序的独立的评估。

(3)过程分析。过程分析遵循过程改进计划的步骤,从一个组织或技术的立场上来识别需要的改进。

(4)质量控制工具和技术。

(5)基准分析。

执行质量保证的输出包括如下内容:

(1)请求的变更。

(2)建议的纠正措施。

(3)组织过程资产(更新)。

(4)项目管理计划(更新)。

执行质量控制的输入包括如下内容:

(1)质量管理计划。

(2)质量度量标准。

(3)质量检查表。

(4)组织过程资产。

(5)工作绩效信息。

(6)已批准的变更请求。

(7)产品、服务和结果。

质量控制的工具和技术主要有:

(1)检查。包括测量、检查和测试等活动,进行这些活动的目的是确定结果与要求是否一致。

(2)控制图。用于决定一个过程是否稳定或者可执行,是反映生产程序随时间变化而发生的质量变动的状态图形,是对过程结果在时间坐标上的一种图线表示法。

(3)帕累托图。是将出现的质量问题和质量改进项目按照重要程度依次排列而采用的一种图表,可以用来分析质量问题,确定产生质量问题的主要因素。

(4) 统计抽样。是具备随机选择样本和运用概率论评价样本结果特征的抽样方法。

(5) 流程图。

(6) 趋势分析。通常被用于项目质量控制过程中,其主要目的是确定以及分析问题产生的原因。

(7) 缺陷修复审查。

(8) 其他工具。直方图、散点图等。

执行质量控制的输出包括如下内容:

(1) 建议的纠正措施。

(2) 建议的预防措施。

(3) 请求的变更。

(4) 建议的缺陷修复。

(5) 已确认的缺陷修复。

(6) 项目管理计划(更新)。

(7) 质量控制度量。

2. 项目质量保证与质量控制

项目质量保证是所有计划和系统工作实施达到质量计划要求的基础,为项目质量系统的正常运转提供可靠的保证,它应该贯穿于项目实施的全过程,在 ISO 9000 系列实施之前,质量保证通常被描述在质量计划之中。质量保证通常提供给项目管理组以及实施组织(内部质量保证)或者提供给客户或项目工作涉及的其他活动(外部质量保证)。

质量控制主要是监督项目的实施结果,将项目的结果与事先制定的质量标准进行比较,找出其存在的差距,并分析形成这一差距的原因,质量控制同样贯穿于项目实施的全过程。质量控制通常是由质量控制部门或类似的质量组织单元实施。

项目质量保证与质量控制的区别与联系主要表现在以下几个方面:

(1) 质量规划是质量保证和质量控制的共同依据。

(2) 达到质量要求是质量保证和质量控制的共同目的。

(3) 质量保证的输出是下一阶段质量控制的输入。

(4) 一定时间内质量控制的结果也是质量保证的质量审计对象,质量保证的成果又可以指导下一阶段的质量工作,包括质量控制和质量改进。

(5) 质量保证一般是每隔一定时间如阶段末进行的,主要通过系统的质量审计来保证项目的质量。

(6) 质量控制是实时监控项目的具体结果,以判断其是否符合项目的相关标准,制定有效方案,以消除产生质量问题的原因。

3. 项目质量管理知识体系

项目质量管理知识体系(输入、工具技术与输出)如表 3.5 所示。

表 3.5 项目质量管理知识体系(输入、工具技术与输出)

	输入	工具和技术	输出
质量计划编制	项目章程 项目管理计划 项目范围说明书 组织过程资产 环境和组织因素	成本/效益分析 基准分析 实验设计 质量成本	质量管理计划 质量度量指标 质量检查单 过程改进计划 项目管理计划(更新)
执行质量保证	质量管理计划 质量度量标准 过程改进计划 工作绩效信息 变更请求 质量控制测量	成本计划工具和技术 质量审计 过程分析 质量控制工具和技术 基准分析	请求的变更 建议的纠正措施 组织过程资产(更新) 项目管理计划(更新)
执行质量控制	质量管理计划 质量度量标准 质量检查表 组织过程资产 工作绩效信息 已批准的变更请求 产品、服务和结果	检查 控制图 帕累托图 统计抽样 流程图 趋势分析 缺陷修复审查 其他工具(直方图、散点图等)	建议的纠正措施 建议的预防措施 请求的变更 建议的缺陷修复 已确认的缺陷修复 项目管理计划(更新) 质量控制度量 组织过程资产(更新)

3.5.2 论文指导

例 3-6 论项目的质量管理

现代项目管理中非常重视质量管理,很多个人和组织将质量作为判定项目是否成功的重要依据。在 IT 业界,有很多知名公司将质量提高到了公司战略的高度来对待,并投入大量资源用于质量管理。

请围绕"项目的质量管理"论题,分别从以下三个方面进行论述:

1. 概述你参与管理过的信息系统项目以及在项目中所遇到的质量管理问题。
2. 请简要论述你对于质量、质量管理和质量成本的认识?
3. 简要论述你认为提升项目质量应做哪些工作。

要点分析

本题为 2005 年下半年信息系统项目管理师考试论文试题二。

1. 质量、质量管理和质量成本

美国质量管理协会对质量的定义为"过程、产品或服务满足明确或隐含的需求能力的特征"。明确或隐含的需求是指按项目要求制定的基础性文件。

国际标准化组织对质量的定义为"一组固有特性满足需求的程度"。需求指明示的、通常隐含的或必须履行的需求或期望,特性是指可区分的特征——可以是固有的或赋予的、定性或定量的、各种类别(物理的、感官的、行为的、时间的、功能的等)。

对于信息系统质量,需要从以下层次来理解:
(1)信息系统产品中能满足给定需求的性质和特性的总体。
(2)信息系统具有所期望的各种属性的组合程度。
(3)顾客和用户觉得信息系统满足其综合期望的程度。
(4)确定信息系统在使用中将满足顾客预期要求的程度。

质量管理是在质量方面指挥和控制组织的协调的活动,包括制定质量方针、质量目标和责任的所有工作,以及通过质量系统中的质量计划、质量保证、质量控制和质量提高等手段来实施这些工作。质量管理体系是在质量方面指挥和控制组织的管理体系。

项目质量管理必须考虑项目过程和项目产品两个方面。在信息系统项目管理中,一般使用术语产品来涵盖信息系统产品与客户服务两者。

质量成本是为了取得信息系统产品所付出的所有努力的总成本,是一致成本和不一致成本之和。一致成本意味着交付满足要求的和适用的产品的成本。不一致成本是质量缺陷造成的成本,它意味着信息系统故障或没有满足质量期望。

依据成本的性质质量成本分为一致性成本和非一致性成本。依据成本发生的方式分为预防成本、评估成本和缺陷成本。具体而言,预防成本是为了减少质量损失和检验费用而发生的各种费用,是在结果产生之前为了达到质量要求而进行的一些活动的成本。评估成本是按照质量标准对产品质量进行测试、评定和检验所发生的各项费用,是在结果产生之后,为了评估结果是否满足要求进行测试活动而产生的成本。其中缺陷成本还可以进一步细分为内部缺陷成本和外部缺陷成本。一致性成本对应于"预防成本+评估成本",非一致性成本对应于"缺陷成本"。

2. 项目质量管理的过程

项目质量管理一般包括质量计划编制、项目质量保证、项目质量控制和过程改进等过程。

质量计划编制用来判断哪些质量标准与本项目有关,并决定应如何达到这些质量标准。项目质量保证用于定期评估项目总体绩效,建立项目能达到相关质量标准的信心。项目质量控制用于检测项目的总体结果,判断它们是否符合相关质量标准,并找出如何消除不合格绩效的方法。构成改进用于持续改进组织的质量管理体系和过程,使组织的信息系统工程成熟度提高。

3. 提升项目质量

(1)强有力的领导。强有力的领导是 IT 企业提高信息系统项目质量的基础。许多质量专家认为,大部分质量问题出在管理上,而非技术上。同时领导也有责任创造一个有助于质量提高的环境,IT 企业领导要培养和树立"零缺陷"质量管理的观念。

(2)建立组织级项目管理体系。IT 企业是全面实施项目管理的优质土壤,企业高层管理者必须高度重视项目管理,确立组织级战略项目管理地位。

(3)建立组织级质量管理体系。在企业内,质量管理体系和项目管理体系都属于企业管理层面,分别对应于以企业质量管理部门和项目管理部门为中心建立的管理体系。

(4)建立项目级激励制度。人是项目成本的最关键因素。基于项目绩效考核情况,把责任、绩效与奖励捆绑在一起,实施目标管理和挣值管理,采取必要的物质和精神激励措施将极大地调动团队成员的积极性。

解答要点

按照题目的要求,从以下三个方面进行论述。

第一,概述你参与管理过的信息系统项目以及在项目中所遇到的质量管理问题。

选择近期主持或参与过的信息系统项目进行概要叙述。着重介绍在项目中遇到的质量管理问题以及考生在其中担任的工作。

第二,简要论述你对于质量、质量管理和质量成本的认识?

结合项目实际,简要概述考生为了提升项目质量,做了哪些工作,使用了什么方法和工具等。

第三,简要论述你认为提升项目质量应做哪些工作。

简要说明和评价考生在项目中进行质量管理的实际效果,并指出不足之处及这些不足是由什么原因造成的,在今后应该如何避免或改进。

例3-7 论评审在项目质量管理过程中的重要作用

评审工作贯穿信息系统项目始终。评审是确保项目质量的重要手段之一,在项目管理过程中,系统地运用评审方法可以起到事半功倍的效果。

请围绕"评审在项目质量管理过程中的重要作用"论题,分别从以下三个方面进行论述:

1. 什么是技术评审?什么是阶段管理评审?简要论述技术评审和阶段管理评审对保证项目质量的重要作用。

2. 质量保证人员(QA)的角色和职责有哪些?

3. 结合你的项目管理经验,系统地论述你是如何运用评审方法来确保项目质量的,着重介绍评审活动的组织、人员构成和评审过程。

要点分析

本题为2007年下半年信息系统项目管理师考试论文试题三。

根据IEEE 1028的定义,评审是对信息系统元素或者项目状态的一种评估手段,以确定其是否与计划的结果保持一致,并使其得到改进。评审是信息系统工程质量控制的重要措施,一般是在主要的项目里程碑接近完成时进行,可以分为需求评审、总体设计评审、详细设计评审、验证和确认评审、功能检查、物理检查、综合检查和管理评审等。

(1)需求评审。在信息系统需求分析结束后必须进行系统需求评审,以确保在系统需求说明书中所规定的各项需求的合适性。

(2)总体设计评审。在信息系统总体设计结束后必须进行总体设计评审,以评价总体设计方案中所描述的系统总体设计在总体结构、外部接口、主要部件功能分配、全局数据结构,以及各主要部件之间的接口等方面的合适性。

(3) 详细设计评审。在信息系统详细设计结束后必须进行详细设计评审,以评价详细设计方案中所描述的系统详细设计在每一个基本部件的功能、算法和过程描述等方面的合适性。

(4) 验证和确认评审。在信息系统验证与确认计划完成后必须进行验证与确认评审,以评价验证与确认计划中所规定的验证与确认方法的合适性与完整性。

(5) 功能检查。在信息系统验收前,要对系统进行功能检查,以验证所开发的系统以及是否满足在系统需求说明书中规定的所有需求。

(6) 物理检查。在信息系统验收前,要对系统进行物理检查,以验证程序和文档已经一致并已做好了交付的准备。

(7) 综合检查。在信息系统验收时,要允许用户或用户所委托的专家对所要验收的系统进行设计抽样的综合检查,以验证代码和设计文档的一致性、接口规格说明的一致性(硬件和软件)、设计实现和功能需求的一致性、功能需求和测试描述的一致性。

(8) 管理评审。要对计划的执行情况定期(或按阶段)进行管理评审。

1. 技术评审与阶段管理评审

技术评审并不是在技术开发工作完毕后进行评审,而是在技术开发工作的各个阶段都要进行评审。因为在技术开发工作的各个阶段都可能产生错误,如果这些错误不及时发现并纠正,会不断地扩大,最后可能导致开发工作的失败。

技术评审是相当重要的工作,也是目前国内开发最不重视的工作。

(1) 评审目标

- 发现任何表现形式的技术功能、逻辑或实现方面的错误。
- 通过评审验证系统的需求。
- 保证系统按预先定义的标准表示。
- 已获得的系统是以统一的方式开发的。
- 使项目更容易管理。

(2) 评审过程

- 召开评审会议。一般会有3~5人参加,会前每个参加者做好准备,评审会每次一般不超过2小时。
- 会议结束后必须做出以下决策之一。接收该产品,不需做修改;由于错误严重,拒绝接收;暂时接收该产品。
- 评审报告与记录。所提出的问题都要进行记录,在评审会结束前产生一个评审问题表,另外必须完成评审简要报告。

(3) 评审准则

- 评审产品,而不是评审设计者,不能使设计者有任何压力。
- 会场要有良好的气氛。
- 建立议事日程并维持它,会议不能脱离主题。

- 限制争议与反驳,评审会不是为了解决问题,而是为了发现问题。
- 指明问题范围,而不是解决提出的问题。
- 限制会议人数和坚持会前准备工作。
- 对每个被评审的产品要列出评审清单,以帮助评审人员思考。
- 对每个正式技术评审分配资源和时间进度表。
- 对全部评审人员进行必要的培训。
- 及早地进行评审准则的评审。
- 展示评审记录。

(4) 参加人员
- 同行。
- 上下阶段的人员。
- 主管领导。
- 必要时,请客户参加。

阶段管理评审依据定义好的每个开发阶段的开始和结束边界,检查该阶段的构成与工作成果是否符合质量标准。检查的问题如下:
- 范围、进度、成本是否按计划进行?存在哪些问题?
- 该阶段的工作是否符合质量要求且全部完成?是否符合放行到下一阶段的标准?

同行评审的目的是:由一组对等的评审人员通过一个正式的且结构化的评审过程,识别出一个工作产品中存在的故障和问题。评审时改进质量和提高生产率以及监督项目状态的重要技能。

2. 质量保证人员的角色和职责

质量保证人员是高级经理的耳目。研发人员眼中的 QA 往往是"警察",QA 的作用不仅限于发现和报告项目的问题。一个合格的 QA 在项目中会充当三种角色:

(1) 导师。具备学习和培训的能力。

(2) 医生。通过度量数据对项目过程进行诊断,帮助分析原因,开处方。

(3) 警察。以企业流程为依据,但要告诉大家流程背后的原因;如果针对某些问题和项目组意见相左,可以直接汇报高层。

典型的 QA 的职责包括过程指导、过程评审、产品审计、过程改进、过程度量等。

(1) 导师的角色。在项目前期,QA 辅助项目经理制定项目计划,包括根据质量体系中的标准过程裁剪得到的项目过程,帮助项目进行估算,设定质量目标等;对项目成员进行过程和规范的培训以及在过程中进行指导等。

(2) 检查的角色。在项目过程中,QA 有选择性地参加项目的技术评审,定期对项目的工作产品和过程进行审计和评审。

(3) 医生的角色。在项目过程中,QA 也可以承担收集、统计、分析度量数据的工作,用于支持管理决策。

3. 评审的人员构成、组织和评审过程

（1）人员构成

- 同行。
- 上下阶段的人员。
- 主管领导。
- 必要时,请客户参加。

（2）评审组织可以采取的形式

- 正式评审,会议形式。
- 随机检查。
- 邮件评审。

（3）评审过程

- 制定评审计划。
- 会议准备。
- 缺陷记录。
- 编辑、返工与跟踪。
- 缺陷分类、原因分析。
- 过程改进、更新评审数据库。
- 评审结束。

解答要点

按照题目的要求,从以下三个方面进行论述。

第一,什么是技术评审？什么是阶段管理评审？简要论述技术评审和阶段管理评审对保证项目质量的重要作用。

技术评审并不是在技术开发工作完毕后进行评审,而是在技术开发工作的各个阶段都要进行评审。因为在技术开发工作的各个阶段都可能产生错误,如果这些错误不及时发现并纠正,会不断地扩大,最后可能导致开发工作的失败。

阶段管理评审依据定义好的每个开发阶段的开始和结束边界,检查该阶段的构成与工作成果是否符合质量标准。

第二,质量保证人员的角色和职责有哪些？

注意区分 QA 与 QC。QA 为质量保证,它是"法官"；QC 为质量控制,它是"警察"。

QA 的职责为监控质量保证体系的运行状况,审计项目的实际执行情况和规范之间的差异,并出具改进建议和统计分析报告,对质量保证体系的质量负责。

QC 的职责为对每一个阶段或者关键点的产出物进行检测,评估产出物是否符合预计的质量要求,对产出物的质量负责。

第三,结合你的项目管理经验,系统地论述你是如何运用评审方法来确保项目质量的,着重介绍评审活动的组织、人员构成和评审过程。

例 3-8 论项目的质量管理

在系统集成行业内,有很多公司都建立并实施了质量管理制度。但我们仍然会听到在各个信息系统集成项目中或在项目交付后,出现了这样或那样的质量问题。这些质量问题为 IT 系统的使用者甚至社会经济造成了很大的损失。

请围绕"项目的质量管理"论题,分别从以下几个方面进行论述:

1. 简要叙述你参与管理过的信息系统项目及项目管理过程中出现的质量问题(项目的背景、发起单位、目的和项目特点等)。

2. 请简要论述在项目的早期阶段应如何制定项目质量计划,以给客户质量信心。

3. 请简要论述如何在项目的整个生命周期中确保项目质量管理计划能够顺利实施。

要点分析

本题为 2008 年上半年信息系统项目管理师考试论文试题二。

1. 项目质量计划

通过制定切实可行的项目质量计划,给客户以质量信心。该计划包括:

(1) 编制依据。

(2) 质量责任与人员分工。

(3) 工程的各个过程及其依据的标准。

(4) 质量控制的方法与重点。

(5) 验收标准。

2. 质量保证与质量控制

质量管理计划制定之后,要通过执行质量保证和质量控制,确保项目质量管理计划的实施。

在论述质量保证过程中,要指出:质量保证工作的依据(质量管理计划、质量度量标准、过程改进计划、被批准的变更请求(如果有)、工作绩效信息以及质量控制的测量结果)、所采用的方法和工具(可以分为 4 类,除了可以采用与质量控制过程相同的方法和工具外,还有质量计划编制过程中采用的方法和工具、质量审计、过程分析)、质量保证工作的结果(建议的工作项目变更、建议的项目管理计划变更、建议的纠正措施、组织过程资产积累)。

在论述质量控制过程中,要指出质量控制工作的依据(质量管理计划、质量度量标准、质量检查表(单)、组织过程资产、被批准的变更请求(如果有)、工作绩效信息、产品(包括中间产品)和服务)、所采用的方法和工具(直方图、控制图、因果图、排列图(帕累托图)、散点图、核对表、检查表、趋势分析和统计分析等)、质量控制工作的结果(建议的纠正措施、建议的预防措施、已确认的缺陷修复、建议的缺陷修复、建议的工作项变更、建议的项目管理计划变更、质量控制度量、组织过程资产积累)。

要能表述质量保证和质量控制的功能定位和这两者间的联系与区别。

按照题目的要求,从以下三个方面进行论述。

第一，简要叙述你参与管理过的信息系统项目及项目管理过程中出现的质量问题（项目的背景、发起单位、目的和项目特点等）。

选择近期主持或参与过的信息系统项目进行概要叙述。

第二，请简要论述在项目的早期阶段如何制定项目质量计划，以给客户质量信心。

通过制定切实可行的项目质量计划，给客户以质量信心。

第三，请简要论述如何在项目的整个生命周期中确保项目质量管理计划能够顺利实施。

质量管理计划制定之后，要通过执行质量保证和质量控制，确保项目质量管理计划的实施。项目质量保证与质量控制的区别与联系主要表现在以下几个方面。

（1）质量规划是质量保证和质量控制的共同依据。

（2）达到质量要求是质量保证和质量控制的共同目的。

（3）质量保证的输出是下一阶段质量控制的输入。

（4）一定时间内质量控制的结果也是质量保证的质量审计对象，质量保证的成果又可以指导下一阶段的质量工作，包括质量控制和质量改进。

（5）质量保证一般是每隔一定时间如阶段末进行的，主要通过系统的质量审计来保证项目的质量。

（6）质量控制是实时监控项目的具体结果，以判断其是否符合项目的相关标准，制定有效方案，以消除产生质量问题的原因。

例 3-9 论软件项目质量管理及其应用

软件工程的目标是生产出高质量的软件。ANSI/IEEE Std 729—1983 对软件质量的定义是"与软件产品满足规定的和隐含的需求能力有关的特征或特性的全体"，实际上反映了三方面的问题：

（1）软件需求是度量软件质量的基础。

（2）只满足明确定义的需求，而没有满足应有的隐含需求，软件质量也无法保证。

（3）不遵循各种标准定义的开发规则，软件质量就得不到保证。

软件质量管理贯穿于软件生命周期，极为重要。软件质量管理过程包括软件项目质量计划、软件质量保证和软件质量控制。质量管理的关键是预防重于检查，应事前计划好质量，而不只是事后检查，这有助于降低软件质量管理成本。

请围绕"软件项目质量管理及其应用"论题，依次从以下三个方面进行论述。

1. 概要叙述你参与管理和开发的软件项目以及你在其中担任的主要工作。

2. 详细论述在该项目中进行质量保证和质量控制时所实施的活动，并论述二者之间的关系。

3. 分析并讨论你所参与的项目中的质量管理成本，并给出评价。

要点分析

本题为 2009 年上半年信息系统项目管理师考试论文试题一。

ANSI/IEEE Std 729—1983 对软件质量的定义是"与软件产品满足规定的和隐含的需

求能力有关的特征或特性的全体"。M. J. Fisher 对软件质量的定义是"所有描述计算机软件优秀程度的特性的组合"。从定义的描述上可以看出,软件质量反映了软件的三方面的问题：需求、标准、隐含的需求。

1. 质量保证和质量控制

质量保证是为了使项目达到有关质量标准而开展的有计划、有组织的工作活动。软件质量保证的目的是验证在软件开发过程中是否遵循了合适的过程和标准。质量保证的主要活动是项目产品审计和项目执行过程审计。

质量控制则可以确定项目结果是否与质量标准相符,同时确定消除不符的原因和方法,控制产品的质量,及时纠正缺陷。质量控制的主要活动是技术评审(包括同行技术评审)、代码走查、代码评审、单元测试、集成测试、压力测试、系统测试、验收测试和缺陷追踪等。

质量保证和质量控制的关系如下：

(1) 质量保证的焦点在于过程,而质量控制的焦点在于交付产品(包括阶段性产品)前的质量把关。

(2) 质量保证是一种通过采取组织、程序、方法和资源等各种手段的保证来得到高质量软件的过程,属于管理职能;质量控制是直接对项目工作结果的质量进行把关的过程,属于检查职能。

(3) 质量保证的关键点是确保正确地做,质量控制的关键点是检查做得是否正确。

(4) 质量保证和质量控制有共同的目标,为了实现该目标,既要用质量保证,也要用质量控制的方法、技术和工具。

2. 质量管理成本

质量管理成本是为了取得产品或服务的质量而付出的所有有关努力的总成本,它包括预防成本、评估成本、缺陷成本和测量测试设备成本等。

质量成本的遵循原则为：

(1) 以寻求适宜的质量成本为目的。

(2) 以严格、准确的记录数据为依据。

(3) 建立完善的成本决算体系。

解答要点

按照题目的要求,从以下三个方面进行论述。

第一,概要叙述你参与管理和开发的软件项目以及你在其中担任的主要工作。

选择近期主持或参与过的信息系统项目进行概要叙述。

第二,详细论述在该项目中进行质量保证和质量控制时所实施的活动,并论述二者之间的关系。

考生应结合软件项目的质量管理过程的实例来说明,重点讲述如何对该软件项目进行质量保证和质量控制,进行了哪些质量保证和质量控制活动,并论述二者之间的关系。

第三，分析并讨论你所参与的项目中的质量管理成本，并给出评价。

质量管理成本是为了取得产品或服务的质量而付出的所有有关努力的总成本，它包括预防成本、评估成本、缺陷成本和测量测试设备成本等。

考生应清晰地论述项目质量活动中的成本，并对成本组成予以中肯的评价。

例 3-10　论信息系统项目的质量控制

质量控制包括监控特定的项目成本，以判定它们是否符合有关的质量标准，找出方法消除造成项目成本不令人满意的原因，并采取相应措施。质量控制应当贯穿于项目执行的全过程。

请围绕"信息系统项目的质量控制"论题，分别从以下三个方面进行论述：

1. 概要叙述你参与管理过的信息系统项目（项目的背景、项目规模、发起单位、目的、项目内容、组织结构、项目周期、交付的产品等）。

2. 围绕以下几点，结合项目管理实际情况论述你对大型项目质量控制的认识。

（1）质量控制的依据。

（2）质量控制的工具和技术。

（3）质量控制的输出。

3. 请结合论文中所提到的信息系统项目，介绍你如何对其执行质量控制（可叙述具体做法），并总结你的心得体会。

要点分析

本题为 2011 年下半年信息系统项目管理师考试论文试题一。

对大型项目质量控制的认识主要有以下几个方面。

1. 质量控制的依据

（1）质量管理计划。质量管理计划应该描述项目质量体系即组织结构、职责、程序、工作过程以及建立质量管理所需要的资源，所有和项目质量相关的活动都需要参照质量管理计划作为依据。

（2）质量度量标准。质量度量标准包括清晰的规格说明和使用完善的标准。

（3）质量检查表。

（4）组织过程资产。执行组织的质量标准和符合项目干系人期望的过程得到一个效益和效率的确认。

（5）工作绩效信息。包括项目可交付物的完成情况和纠正措施的未完成情况，对质量控制输入非常重要。

（6）已经批准的变更请求。已经批准的变更请求包括如何改进工作方法和修改时间表。已经批准的变更请求的执行情况需要得到及时和正确的检验。

2. 质量控制的工具和技术

（1）检验。检验包括测量、检查和测试等活动，目的是确定项目成果是否与要求相一致。

(2) 控制图。控制图是根据时间推移对程序运行结果的一种图表展示。常用于判断程序是否"在控制中"进行。当一个程序在控制之中时，不应对它进行调整。这个程序可能为了得到改进而有所变动，但只要它在控制范围之中，就不应人为地去调整它。

(3) 控制表。控制表可以用来监控各种类型的变量的输出。尽管控制表常被用于跟踪重复性的活动，如生产事务，但它还可以用于监控成本和进度的变动、容量和范围变化的频率，项目文件中的错误，或者其他管理结果，以便判断"项目管理程序"是否在控制之中。

(4) 帕累托图。由事件发生的频率组织而成，它显示由于某种原因引起的缺陷数量或不一致的排列顺序，是找出影响项目产品或服务质量的主要因素的方法。

(5) 抽样调查统计。抽样调查统计包括抽取总体中的一个部分进行检验。适当的抽样调查往往能降低质量控制成本。

(6) 流程图。质量控制中运用流程图有助于分析问题是如何发生的。

(7) 趋势分析。趋势分析指运用数字技巧，依据过去的成果预测将来的产品。

3. 质量控制的输出

(1) 建议的纠正措施。

(2) 建议的预防措施。

(3) 请求的变更。

(4) 建议的缺陷修复。

(5) 已确定缺陷修复。

(6) 项目管理计划(更新)。

(7) 质量控制度量。

(8) 组织过程资产(更新)。

解答要点

按照题目的要求，从以下三个方面进行论述。

第一，概要叙述你参与管理过的信息系统项目(项目的背景、项目规模、发起单位、目的、项目内容、组织结构、项目周期、交付的产品等)。

选择近期主持或参与过的信息系统项目进行概要叙述。

第二，结合项目管理实际情况论述你对大型项目质量控制的认识。

针对要求的几个方面展开论述，论述内容要正确，涉及的项目部分应该真实、得当。

第三，请结合论文中所提到的信息系统项目，介绍你如何对其执行质量控制(可叙述具体做法)，并总结你的心得体会。

最后对承担的信息系统项目如何进行的质量管理进行评价，并总结心得体会，陈述问题得当、分析要正确，注意不要说空话。

例3-11 论信息系统项目的质量控制和提升

ISO 9000 把质量定义为："一组固有特性满足要求的程度"。项目质量管理主要包括质量规划、质量保证和质量控制三个过程,质量规划用来确定适合于项目的质量标准并决定如何满足这些标准;质量保证用于有计划、系统的质量活动,确保项目中的所有必须过程满足项目干系人的期望;质量控制用于监控具体项目结果以确定其是否符合相关质量标准,制定有效方案,以消除产生质量问题的原因。

请以"信息系统项目的质量管理和提升"为题,分别从以下三个方面进行论述:

1. 概要叙述你参与管理过的信息系统项目的背景、目的、项目周期、交付的产品、遵循的质量管理体系标准或技术规范等背景信息,以及你在其中承担的主要工作。

2. 详细论述该项目进行质量管理的过程和所实施的活动,以及采用的主要方法和工具。

3. 结合你的项目经历,从如何提升 IT 项目质量的角度阐述你的经验体会。

要点分析

本题为 2013 年下半年信息系统项目管理师考试论文试题一。

项目质量管理的过程中主要包括质量规划、质量保证以及质量控制等三个过程。其中各自采用的主要工具和技术如下所述。

质量规划的工具和技术主要有:

(1) 成本/效益分析。

(2) 基准分析。

(3) 实验设计。

(4) 质量成本。

执行质量保证的工具和技术主要有:

(1) 质量计划工具和技术。

(2) 质量审计。

(3) 过程分析。

(4) 质量控制工具和技术。

(5) 基准分析。

质量控制的工具和技术主要有:

(1) 检查。

(2) 控制图。

(3) 帕累托图。

(4) 统计抽样。

(5) 流程图。

(6) 趋势分析。

(7) 缺陷修复审查。

解答要点

按照题目的要求,从三个方面论述。

第一,概要叙述你参与管理过的信息系统项目的背景、目的、项目周期、交付的产品、遵循的质量管理体系标准或技术规范等背景信息,以及你在其中承担的主要工作。

选择近期主持或参与过的信息系统项目进行概要叙述。

第二,详细论述该项目进行质量管理的过程和所实施的活动,以及采用的主要方法和工具。

项目质量管理的过程中主要包括质量规划、质量保证以及质量控制三个过程。叙述其中各自采用的主要方法和工具,注意不必全部列举出来,主要说明三个就可以。

第三,结合你的项目经历,从如何提升IT项目质量的角度阐述你的经验体会。

3.6 项目人力资源管理

3.6.1 理论基础

1. 项目人力资源管理概述

人力资源管理从传统的人事管理发展起来,其基本特点表现为能动性、再生性、智能性、社会性等。但是它与传统的人事管理有着本质的区别,主要表现在管理观念不同、管理范围不同、管理的作用不同、管理的方法不同。

项目人力资源管理就是有效地发挥每一个参与项目人员作用的过程。人力资源管理包括组织和管理项目团队所需的所有过程。项目团队由为完成项目而承担了相应的角色和责任的人员组成,团队成员应该参与大多数项目计划和决策工作。项目团队成员的早期参与能在项目计划过程中增加专家意见和加强项目的沟通。项目团队成员是项目的人力资源。项目管理团队是项目团队的一个子集,负责项目的管理活动,如计划编制、控制和收尾。项目发起人与项目管理团队一起工作,通常会协助处理项目资金问题、澄清项目范围问题和影响其他人使其有利于项目。

项目人力资源管理的主要过程如下所述。

(1) 人力资源计划编制。识别项目中的角色、职责和汇报关系,并形成文档。也包括项目人员配备管理计划。

(2) 组建项目团队。获取项目所需要的人力资源。

(3) 项目团队建设。提高个人和团队的技能以改善项目绩效。

(4) 管理项目团队。跟踪个人和团队的绩效、提供反馈、解决问题并协调各种变更以提高项目绩效。

这些过程之间以及它们同其他知识领域中的过程都会相互影响。根据项目的需要,每个过程至少会涉及一个人、甚至一个团队。一般而言,在项目生命周期的不同阶段,每个过程至少发生一次。这些过程之间具有明确的接口定义,尽管它们看上去是彼此独立的,但实际上它们可以互相重叠或以某种方式进行交互。

2. 项目团队组建与项目团队建设

马云曾经说过:"团队成员要离开,借口有很多,真实的理由其实就是两个。要么是钱没给够,要么是心委屈了。"所言极是。为了避免类似事件发生,从项目团队组建到项目团队建设,项目经理要做好不少工作。

在项目开始实施之前,作为项目经理就应该认真考虑以下两个问题。

(1)采用什么组织结构来做项目？组织结构在很大程度上决定了项目经理权力的大小,团队成员之间的报告关系,项目团队与母公司之间的关系等。

(2)如何建设团队？包括团队组建、建设和管理等。在考虑这些问题的基础上,应该编制项目的组织与团队计划。编制组织与团队计划,除了考虑项目本身的需要以外,还应该考虑各种环境元素,包括组织、技术、人际关系、后勤保障、政治氛围以及其他方面的环境因素。

组织与团队计划需要包括如下几个方面内容：

(1)项目组织结构。用文字和图形描述将要采用的项目组织结构。是把项目放在母公司的某一个职能部门中,还是专门组建一个基本独立于母公司各职能部门的项目团队,还是采取半独立的项目团队(矩阵式组织)？

(2)岗位描述。说明项目团队中的工作岗位设置,包括岗位名称、岗位职权、岗位职责、岗位资格以及岗位之间的报告关系等。

(3)人力资源需求表。按时间段和资源种类列出项目的人力资源需求。人力资源必须与项目的进度计划、成本计划等密切配合。

(4)人员招聘。采用什么方式进行招聘,从母公司内部还是外部招聘？是否所有团队成员都要集中办公？是否可以采用虚拟团队(成员不需要面对面,而是通过网络联系)？能够承受的人力成本是多少？

(5)团队建设。描述将要采用的团队建设的主要办法,不仅要考虑一些专门进行的团队建设活动,如拓展训练,还要设法把团队建设融入到日常的项目工作中。

(6)培训安排。项目经理不能指望团队成员不经过任何培训就能立即有效工作,通常都需要对新成员做一些培训,特别是针对项目具体情况的培训。

(7)认可与奖励安排。要及时对团队成员的良好表现和业绩给予认可和奖励。特别是,在实现项目里程碑时,一定要进行比较正式的认可和奖励。

(8)相关法规。罗列出必须遵守的相关法规,如关于工作条件、最低工资要求、现场安全等的法规。

编制项目的组织与团队计划之后,就应该按计划来组建、建设和管理项目团队。

在团队组建与管理之前对项目团队需要有个大概的认识。现代社会飞速发展,单打独斗的个人英雄主义时代已经一去不复返了。一个人无法完成的工作,如果由一支团队来做,也许就能轻松地实现。项目团队就是为实现项目目标,由具有共同愿景、技能互补、相互依赖、相互协作的一些个体所组成的临时性群体。理想的项目团队能在既定的时间、既定的预算成本内成功地实现项目的目标,同时,每位成员都能获得事业的发展和个人的进步。

项目团队和一般团队不同。与项目的特征相对应,项目团队也有如下这些特征：

(1)项目团队有明确的目标。

(2)项目团队以工作为导向,即团队成员最重要的考虑是完成工作任务。

(3) 项目团队是临时性的。

(4) 项目团队追求基于多样性的整合,即有效的团队整合,可以使成员之间优势互补,产生更大的团队活力。

(5) 项目团队是横向式管理的。要求上下级之间保持较小的权利距离,要求所有成员之间平等合作,鼓励成员间全方位地交流与沟通。

对于如何组建团队,主要从组建团队的基本流程、物色团队的领导、物色团队的核心成员以及物色团队的普通成员四个方面来进行。

(1) 组建团队的基本流程。组建团队的基本流程分:首先要了解软件开发需求,从而确定团队的人员需求,然后物色符合需求的人才,最终建立团队。

(2) 物色团队的领导——项目经理。一般而言,让最优秀的人才当团队的领导——项目经理,让次优秀的人才成为核心成员,让平庸之人成为普通成员。这样的团队结构是相对来说比较稳定安全并且经济实惠的。开发团队的领导——项目经理,应该具备四项素质,按级别从低到高排列:不错的技术才能、较强的管理能力、丰富的产品开发经验、敏锐的商业头脑。

(3) 物色团队的核心成员。项目经理应该从团队里面挑选出一些核心成员,为自己分担压力。不仅分派重要的任务给他们,而且也要给他们更多的利益。区别"核心"与"普通"的要素是"才能、责任心、忠诚度"。

(4) 物色团队的普通成员。任何成员都会对项目产生影响,有正面的也可能有负面的。所以项目经理也要用心来物色普通的成员。选择普通成员的主要指标是"技能合格、安分守己、任劳任怨"。技能合格是最低要求,因为招聘他是来干活的,而不是摆设。

项目经理在项目团队建设时需要注意如下内容与相关技巧:

(1) 设定目标。
- 对项目设定一个愿景和使命,确保在项目里面的每个人都能理解这些目标。
- 清晰地为项目中的人员定义他们不同的角色,确保达成共识。

(2) 管理期望值。
- 务必了解和重视团队中每个成员的期望,以此也了解大家的能力,增强大家的信任度。
- 对团队成员做一个员工绩效单记录他们一段时间内的绩效和改善状况,并定期开会对绩效和改善状况进行评估。
- 确保每个人都能从项目中学到新的东西,使他们从做项目中受益。

(3) 激励。
- 使用召开例会的方式,对团队成员的优异表现给予充分的肯定和感谢。
- 让团队成员有机会被高层管理者和客户知道。
- 建立一个基金,通过整个基金定期地、公开地给予他们奖励。
- 团队成员都成功才是项目的成功,最终也是项目经理的成功。

(4) 沟通。
- 鼓励一种公开交流的文化。开门办公,欢迎团队成员在任何时候都可以同项目经理交流。
- 总是能保持诚实和透明的沟通。
- 项目经理和团队成员定期进行非正式的交流。
- 尽可能地使汇报关系扁平化,确保不多于两层的汇报层次。
- 对团队成员不带着以前的成见,客观地分析他人。
- 不对团队成员食言,言出必行,保持承诺。
- 决不为错误找借口。公开承认,并且直接向大家道歉。
- 对团队成员一视同仁的信任,在任何事情上都不怀疑他们。通过给大家责任告诉大家项目经理信任大家,并且鼓励大家一起工作,达成大家的目标。

(5) 工作环境与文化。
- 建立鲜明的团队文化,促进团队更好更快地成长与进步。
- 重视团队合作。鼓励团队合作与协作的多种方式。
- 建立一个令人兴奋的环境。推动知识共享和创新,激发团队成员个人的能量。

3. 项目人力资源管理知识体系

项目人力资源管理知识体系(输入、工具技术与输出)如表3.6所示。

表3.6 项目人力资源管理知识体系(输入、工具技术与输出)

	输入	工具和技术	输出
人力资源计划编制	活动资源估计 环境和组织因素 项目管理计划	组织结构图和职位描述 人力资源模板 人际网络 组织理论	角色和职责 项目的组织结构图 人员配备管理计划
组建项目团队	角色和职责 项目的组织结构图 人员配备管理计划 环境和组织因素 组织过程资产	事先分派 谈判 采购 虚拟团队	项目人员分配 资源日历 人员配备管理计划(已更新) 资源可用性
项目团队建设	项目人员分配 人员配备管理计划	一般管理技能 培训 团队建设活动 基本原则 同地办公(集中) 认可和奖励	团队绩效评估
管理项目团队	项目人员分配 角色和职责 项目的组织结构图 人员配备管理计划 绩效报告 组织过程资产	观察和对话 项目绩效评估 冲突管理 问题日志	人员配备管理计划(更新) 变更请求 组织过程资产(更新)

3.6.2 论文指导

例 3-12 论项目的人力资源管理

在信息系统项目中经常会遇到很多关于人力资源方面的问题,例如,招募到的项目成员不适合当前项目的需要;团队的组成人员尽管富有才干,但是很少或者根本没有彼此合作的经验;团队的气氛不积极,造成项目团队成员的士气低落;项目团队的任务和职责分配不清等。这些问题导致了项目工作效率的降低,甚至项目失败。

请围绕"项目的人力资源管理"论题,分别从以下三个方面进行论述:

1. 简要叙述你参与管理过的信息系统项目(项目的背景、发起单位、目的、项目周期、交付的产品等),以及该项目在人力资源方面的情况。

2. 概要叙述你对于项目人力资源管理的认识以及项目人力资源管理的基本过程。

3. 结合你的项目经历,论述在信息系统项目中人力资源管理方面经常会遇到的问题及其产生原因,针对这些原因给出你在管理项目时所采取的解决措施。

要点分析

本题为 2006 年下半年信息系统项目管理师考试论文试题一。

有人认为,项目管理成功的标志为时间、成本和绩效这三个因素应达到客户的满意度。但是除了管理好时间、成本、范围以及质量以外。在项目管理中"人"的因素也极为重要,因为项目中所有活动均是由人来完成的。如何充分发挥"人"的作用,对于项目的成败起着至关重要的作用。

项目人力资源管理就是指通过不断地获得人力资源,把得到的人力整合到项目中并融为一体,保持和激励他们对项目的忠诚和积极性,控制他们的工作绩效并做出相应的调整,尽量发挥他们的潜能,以支持项目目标实现的活动和过程。也就是说人力资源管理包括组织和管理项目团队所需的所有过程。项目团队由为完成项目而承担了相应的角色和责任的人员组成,团队成员应该参与大多数项目计划和决策工作。项目团队成员的早期参与能在项目计划过程中增加专家意见和加强项目的沟通。项目团队成员是项目的人力资源。项目管理团队是项目团队的一个子集,负责项目的管理活动,如计划编制、控制和收尾。项目发起人与项目管理团队一起工作,通常会协助处理项目资金问题、澄清项目范围问题和影响其他人使其有利于项目。

项目人力资源管理的主要过程包括以下内容。

(1) 组织人力资源计划编制。是根据项目管理计划和实际需求,识别项目中的角色、职责和汇报关系,并形成文档。也包括项目人员配备管理计划。

(2) 组建项目团队。是根据项目人力资源计划,通过有效手段获取项目所需要的人力资源。

(3) 项目团队建设。提高个人和团队的技能,以加强完成项目任务的能力以及改善项目绩效。

(4)管理项目团队。通过跟踪个人和团队的绩效、提供反馈信息、解决问题并协调各种变更以提高项目绩效。

这些过程之间以及它们同其他知识领域中的过程都会相互影响。根据项目的需要,每个过程至少会涉及一个人、甚至一个团队。一般而言,在项目生命周期的不同阶段,每个过程至少发生一次。这些过程之间具有明确的接口定义,尽管它们看上去是彼此独立的,但实际上它们可以互相重叠或以某种方式进行交互。

解答要点

按照题目的要求,从以下三个方面进行论述。

第一,简要叙述你参与管理过的信息系统项目(项目的背景、发起单位、目的、项目周期、交付的产品等),以及该项目在人力资源方面的情况。

选择近期主持或参与过的信息系统项目进行概要叙述。

第二,概要叙述你对于项目人力资源管理的认识以及项目人力资源管理的基本过程。

项目人力资源管理的主要过程如下所述。

(1)人力资源计划编制。识别项目中的角色、职责和汇报关系,并形成文档。也包括项目人员配备管理计划。

(2)组建项目团队。获取项目所需要的人力资源。

(3)项目团队建设。提高个人和团队的技能以改善项目绩效。

(4)管理项目团队。跟踪个人和团队的绩效、提供反馈、解决问题并协调各种变更以提高项目绩效。

第三,结合你的项目经历,论述在信息系统项目中人力资源管理方面经常会遇到的问题及其产生原因,针对这些原因给出你在管理项目时所采取的解决措施。

例 3-13 论如何做好项目团队管理

一个项目的成功离不开一个好的团队,团队管理在项目的实施过程中起着非常重要的作用。在项目管理时,项目管理师要跟踪个人和团队的执行情况,提供反馈和协调变更,以此来提高项目的绩效,保证项目的进度。项目管理师必须注意团队的行为、管理冲突、解决问题和评估团队成员的绩效。

请围绕"如何做好项目团队管理"论题,分别从以下三个方面进行论述:

1. 概要叙述你参与管理过的信息系统项目(项目的背景、项目规模、发起单位、目的、项目内容、组织结构、项目周期、交付的产品等)。

2. 围绕以下几点,结合项目管理实际情况论述你对项目团队管理的认识。

(1)项目团队管理的输入。

(2)项目团队管理的工具和技巧。

(3)项目团队管理的输出。

3. 请结合论文中所提到的信息系统项目,介绍你如何进行团队管理(可叙述具体做法),并总结你的心得体会。

要点分析

本题为2011年下半年信息系统项目管理师考试论文试题二。

1．项目团队管理的输入

（1）项目人员分配。

（2）角色和职责。为了评估和监控员工的绩效，项目经理必须有一个员工角色和职责的清单。

（3）项目的组织结构图。项目的组织结构图提供了团队成员的汇报关系图。

（4）人员配备管理计划。人员配备管理计划列出了团队成员在项目中的工作周期，同时也包括培训计划、资格要求以及和某些规章制度、合约的一致性问题。

（5）绩效报告。绩效报告是相对于项目计划和进度安排向项目团队提供的绩效反馈。绩效报告中应该包含来自任何客户和外部评审员的信息。绩效评估范围包括进度控制、成本控制、质量控制、范围验证和过程审计的结果，这些都有助于项目团队的管理。

（6）团队绩效评估。项目管理团队可以进行正式或非正式的项目绩效评估。其结果可以用来帮助我们做出关于评价、奖励和纠正措施的决策。这些决策和相关的行为可以促使员工管理计划的更新。

（7）组织过程资产。项目管理团队应该利用组织的政策、程序和系统来为员工在项目进行过程中提供奖励。

2．管理团队的工具和技巧

（1）观察和对话。项目管理团队必须和团队成员在工作和思想上保持接触。

（2）项目绩效评估。在项目进行过程中执行绩效评估的目的包括再次澄清成员的角色和职责，定期使项目成员得到积极的反馈，发现一些未知未解决的问题，制定个人的培训和训练计划，制定在未来一段时间的个人目标。

（3）冲突管理。成功的冲突管理可以大大提高生产力并建立积极的工作关系。团队的基本规则、组织原则和项目管理经验都可以大大减少团队中的冲突。冲突产生的原因有项目的高压环境、多个上级的存在、责任模糊、新科技的流行等。冲突解决的办法有问题解决和妥协。

（4）问题日志。需要用日志记录每个人负责解决的问题以及解决日期。

3．管理项目团队的输出

（1）人员配备管理计划（更新）。

（2）变更请求、组织过程资产（更新）。包括问题解决，组织绩效评估输入，取得的经验教训。最后对承担项目如何进行的团队管理进行评价，并总结心得体会，陈述问题得当、分析要正确，注意不要说空话。

解答要点

按照题目的要求，从以下三个方面进行论述。

第一,概要叙述你参与管理过的信息系统项目(项目的背景、项目规模、发起单位、目的、项目内容、组织结构、项目周期、交付的产品等)。

选择近期主持或参与过的信息系统项目进行概要叙述。

第二,围绕项目团队管理的输入、输出、工具和技巧,结合项目管理实际情况论述你对项目团队管理的认识。

重点集中于结合项目实际对项目团队管理的工具和技巧的说明。特别是要较为详细地说明具体实践中如何进行冲突管理、如何实现项目绩效评估等。

第三,请结合论文中所提到的信息系统项目,介绍你如何进行团队管理(可叙述具体做法),并总结你的心得体会。

3.7 项目沟通管理

3.7.1 理论基础

1. 项目沟通管理概述

所谓沟通,是人与人之间分享信息、思想和情感的过程,是将这些由一个人传达给另一个人,逐步广泛传播的过程。沟通的主旨在于互动双方建立彼此相互了解的关系,相互回应,并且期待能经由沟通的行为与过程相互接纳及达成共识。项目沟通管理非常重要,许多专家认为项目尤其是 IT 项目失败的重要原因是沟通的失败。大多数人对沟通的理解,就是善于表达、能说、会说,在项目管理中的沟通,并不等同于人际交往的沟通技巧,更多的是对沟通的管理。好的信息沟通对项目的发展和人际关系的改善都有促进作用。

项目沟通管理就是为了确保信息合理收集和传输,以及最终处理所需实施的一系列过程。项目沟通管理过程揭示了实现成功沟通所需的人员、观点和信息这三项要素之间的一种联络过程。项目经理要花费大量无规律的时间与项目团队、项目干系人、客户和赞助商沟通。项目中的每一成员都应当了解沟通是如何在整体上影响的。项目沟通管理过程主要包括如下内容。

(1)沟通计划编制。确定项目干系人的信息和沟通需求,哪些人是项目干系人,他们对该项目的收益水平和影响程度如何,谁需要什么样的信息,何时需要,以及应怎样分发给他们。

(2)信息分发。以合适的方式及时向项目干系人提供所需信息。

(3)绩效报告。收集并分发有关项目绩效的信息,包括状态报告、进度报告和预测。

(4)项目干系人管理。对项目沟通进行管理,以满足信息需要者的需求并解决项目干系人之间的问题。

在项目的整个生命周期内,项目的沟通起着不可估量的作用。项目团队与客户的沟通、项目团队与上级部门的沟通、项目团队与供货商之间的沟通、项目团队成员内部的沟通,所有这些沟通贯穿于整个项目的始终。当项目发生变化和变更时需要沟通,当项目发生冲突时也需要沟通,在项目的生命周期中,所有信息输入输出的过程,都是项目的沟通过程。如果不能把信息通过有效的渠道及时地传递到需要者手中,将会给项目带来混乱,甚至是失败。

项目管理中的沟通一般模型,表明想法、观点或信息是如何在发送者和接收者两者间收发的,它包括信息发送者、信息、信息接收者、渠道等几个方面,而且沟通模型往往还是一个循环的过程。这个模型的关键因素包括:

(1) 编码。把想法和观点翻译成其他人不能看懂的语言。
(2) 通信。发送编码。
(3) 传播媒介。运送信息的途径。
(4) 噪声。影响信息传输和读取的因素。
(5) 解码。把信息翻译成原来的想法和观点。

项目干系人识别也不是一件容易的事。很多年轻的工程师在首次做项目时,非常纠结和迷茫,到底要怎么做才能识别这些干系人,到底要怎么样才能得到他们的信息等,然后才可以做花名册与管理略策？这些问题一直都是项目经理们最头疼的事情。识别项目干系人的过程旨在清楚地了解谁是项目的干系人,对他们进行分析和归类,并制定管理策略。通常情况下,分为如下几个步骤来进行。

(1) 通过头脑风暴等方法,识别全部干系人及其相关信息与背景,如他们在项目中的角色、部门、利益(利益领域、利益大小)、知识水平、期望及影响力(影响领域、影响大小)等,对这些信息进行认真分析并把收集到的这些信息,按照一定标准进行分类,形成干系人登记册。通常都是通过对干系人的访谈等渠道来获取这些信息。

(2) 识别每个干系人可能产生的影响或者提供的支持,并把他们分类,以方便制定管理办法与策略。

(3) 把关键干系人进行排序,列出权力和影响力的列表,对其进行不同程度的管理。

如图3.3所示为摘自《PMBOK指南》(第4版)的权力利益方格的例子。

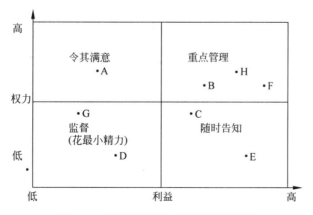

图3.3 项目干系人权力利益方格示例

沟通管理计划由项目管理团队编制，沟通管理计划中主要包括以下内容：

（1）干系人沟通需求。

（2）用于沟通的信息，包括格式、内容和各部分细节。

（3）谁接收信息，谁产生信息。

（4）传送信息的建议方法和技术项目管理培训。

（5）沟通频率。

（6）增加解决问题的过程。

（7）用于更新沟通管理计划的修订过程。

（8）常用术语表。

2．改善沟通的原则

沟通失败的根本原因在于缺乏对沟通实质和目的的了解。彼得德鲁克有效沟通四法则中，对沟通的定义为：是为了一个设定的目标，把信息、思想和情感，在个人或群体间传递，并且达成协议的过程。人与人的沟通过程包括输出者、接收者、信息、渠道四个主要因素。沟通四法则指的是沟通是一种感知，沟通是一种期望，沟通产生要求，信息不是沟通。

对信息系统项目沟通几个原则的说明如下：

（1）沟通内外有别。对内有分歧，对外要一致。一个团队要用一种声音说话。

（2）非正式的沟通利于关系的融洽。

（3）采用对方能接受的沟通风格。注意肢体语言、语态给对方的感受。

（4）沟通的升级原则。第一步，和对方沟通；第二步，和对方的上级沟通；第三步，和自己的上级沟通；第四步，自己的上级和对方的上级沟通。注意合理使用纵向沟通，有助于问题的快速解决。

（5）扫清沟通的障碍。职责定义不清、目标不明确、文档制度不健全、过多使用行话等都是沟通的障碍。

3．高效会议方案

项目的协调大多是以会议方式来进行的，举行高效的会议可以化解项目存在的诸多问题。建议按以下流程开一个会议，以形成高效会议。

（1）事先制定一个例会制度。预先创建一些模板，并提前进行简短的培训，让团队成员明白会议的通用规则。

（2）放弃可开可不开的会议。有些会议确实可以不开，可以通过电话或者电子邮件的方式解决。

（3）明确会议的目的和期望结果。明确要开的会议的目的，是集体讨论一些想法，彼此互通信息还是解决一个面临的问题，并确定会议的效果是以信息同步为结束还是必然要讨论出一个确定的解决方案。

（4）发布会议通知。在会议通知中要明确会议目的、时间、地点、参加人员、会议议程和议题。有一种被广泛采用的决策方法是广泛征求意见，少数人讨论，核心人员决策。

（5）在会议之前将会议资料发给参会人员。提前阅读、直接在会上讨论，可以有效地节约会议时间。

（6）可以借助视频设备。为了让异地成员参加或演示，借助视频设备可使会议达到更好的效果。

（7）明确会议规则。指定主持人，明确主持人的职责，主持人要对会议进行有效的控制，并营造一个活跃的会议气氛。主持人要事先陈述基本规则，并掌控好会议的节奏。

（8）会议后要总结，提炼结论。总结问题的讨论结果，重申有关决议，明确责任人和完成时间。

（9）会议要有纪要。有利于督促和检查工作的完成情况。

（10）做好会议的后勤保障。确保开展一个有张有弛的会议。

4. 项目沟通管理知识体系

项目沟通管理知识体系(输入、工具技术与输出)如表 3.7 所示。

表 3.7 项目沟通管理知识体系(输入、工具技术与输出)

	输入	工具和技术	输出
沟通计划编制	组织过程资产 项目章程 项目管理计划 项目范围说明书	项目干系人分析 沟通需求分析 沟通技术	沟通管理计划
信息分发	工作绩效信息 沟通管理计划	沟通技术 信息收集和检索系统 信息分发方法 取得的经验教训	更新的项目管理计划 组织过程资产
绩效报告	工作绩效信息 项目管理计划 预测 已批准的变更请求 可交付物	信息表示工具 绩效信息收集和编辑 状态评审会议	绩效报告 预测 需求变更 更新的项目管理计划 建议的纠正措施 组织过程资产
项目干系人管理	项目管理计划 沟通管理计划 组织过程资产	沟通方法 问题日志	问题解决 更新的项目沟通管理计划 组织过程资产

3.7.2 论文指导

例 3-14 论项目的沟通管理

沟通管理是项目管理的重要方面，统计表明，沟通管理的成败直接关系到 IT 项目的成败。

项目的沟通管理，应该包括项目实施组织内部的沟通以及与组织外部的沟通。

项目的推动需要内部和外部项目干系人协同工作。项目经理应以积极的心态、热情的态度与内部和外部项目干系人沟通，甚至应主动影响这些项目干系人的理念与行为。当项目中存在多种干系人、多个协作单位时，项目的沟通管理尤为关键。

请围绕"项目的沟通管理"论题，分别从以下几个方面进行论述：

1. 简要叙述你参与的信息系统项目情况（项目的背景、客户、项目目标、项目特点以及你的角色等）。

2. 请结合具体实例论述你是如何灵活运用沟通管理的理论来管理项目沟通的。

3. 简要叙述你在沟通管理中遇到的典型内部沟通问题以及典型外部沟通问题，对这些问题你是如何解决的。

要点分析

本题为2008年下半年信息系统项目管理师考试论文试题二。

沟通是指意义的传递和理解。其意包括了两方面含义：一是沟通是信息的传递；二是沟通是意义的理解。项目经理的沟通主要包括向上与管理者的沟通，向下与部门和项目办公人员的沟通，横向与同事、其他职能部门和用户的沟通，横向与支持者、社会团体或任何正式的与非正式的组织的沟通等。

根据不同的标准，沟通可以有不同的分类，常见的有如下3种：

（1）正式沟通和非正式沟通。正式沟通是通过组织或项目团队规定的渠道进行的信息传递。非正式沟通是通过非正式或个人渠道进行的信息传递。

（2）纵向沟通和横向沟通。纵向沟通包括上行（由下而上，即下级将信息传递给上级）沟通和下行（由上而下，即上级将信息传达给下级）沟通，横向沟通也称为平行（各平行部门之间和处于不同层面的没有隶属关系的组织或成员之间）沟通。

（3）口头沟通、书面沟通及非言语沟通。口头沟通包括汇报、陈述、演讲、讨论、音频或视频通话或会议等。书面沟通包括纸质及其电子形式的书面报告、备忘录、电子邮件、文件、期刊等。非言语沟通包括声、光、电信号、体态语言等。

沟通也分为内部沟通和外部沟通。内部沟通是指项目团队内部员工之间的沟通，外部沟通是指项目团队与其他组织或人员之间的沟通。

为了确保沟通的有效进行，项目经理必须选择合适的沟通方式。沟通方式也要具体情况具体分析与解决。例如，需要理解解决的问题，就采用口头沟通。对于比较重要的问题，口头沟通之后再进行书面确认。

项目沟通管理过程主要包括如下几个部分：

（1）制定沟通管理计划，结合实际项目，给出项目的沟通计划的具体内容。

（2）按要求向项目干系人发布项目信息，要说明是如何发布项目信息的。例如，周例会要有具体时间、主题、决议、纪要和决议执行情况的追踪，对周例会还要不断改进。

（3）报告绩效。周报要有具体格式和内容。

（4）协调、管理项目干系人。

（5）其他。

在结合实际论述时,必须有实际的沟通计划或类似沟通计划的文件,以上过程根据考试的实际项目可以合并,但至少应有编制沟通计划、报告绩效和干系人管理三个过程。

解答要点

按照题目的要求,从以下三个方面进行论述。

第一,简要叙述你参与的信息系统项目情况(项目的背景、客户、项目目标、项目特点以及你的角色等)。

选择近期主持或参与过的信息系统项目进行概要叙述。

第二,请结合具体实例论述你是如何灵活运用沟通管理的理论来管理项目沟通的。

项目沟通管理过程主要包括如下几个部分:

(1)制定沟通管理计划,结合实际项目,给出项目的沟通计划的具体内容。

(2)按要求向项目干系人发布项目信息,要说明是如何发布项目信息的。例如,周例会要有具体时间、主题、决议、纪要和决议执行情况的追踪,对周例会还要不断改进。

(3)报告绩效。周报要有具体格式和内容。

(4)协调、管理项目干系人。

(5)其他。

在结合实际论述时,必须有实际的沟通计划或类似沟通计划的文件,以上过程根据考试的实际项目可以合并,但至少应有编制沟通计划、报告绩效和干系人管理三个过程。

第三,简要叙述你在沟通管理中遇到的典型内部沟通问题以及典型外部沟通问题,对这些问题你是如何解决的。

考生应结合自己的实际项目,论述沟通管理中遇到的典型内部沟通(如项目团队内部沟通、项目团队和领导层之间的沟通、项目团队和各职能部门之间的沟通)以及典型的外部沟通(如项目团队与用户客户之间的沟通、项目团队与供货商之间的沟通、项目团队与分包商之间的沟通、项目团队与监理等干系人之间的沟通)问题,以及这些问题的解决方法、经验教训等。

例 3-15 论项目的沟通管理

在管理项目的过程中,至少涉及建设方、承建方和监理方三方,要想把项目管好,这三方必须对项目管理有一致的认识,遵循科学的项目管理方法,这就是"三方一法"。

当项目中有多个协作单位、存在多种干系人时,对承建方项目经理来说,沟通管理就显得尤为重要。项目经理应以积极的心态、热情的态度与项目干系人沟通,甚至应主动影响项目干系人的理念与行为。其中,客户(建设方)是最重要的项目干系人之一,承建方应充分运用沟通技能与客户沟通,因为这关系到项目的成功。

请围绕"项目的质量管理"论题,分别从以下几个方面进行论述:

1. 简要叙述你参与管理过的信息系统项目及项目管理过程中有关沟通的体会。
2. 请依据项目管理理论,简要论述应该如何与客户沟通。
3. 请结合在你的项目管理实践中发生的具体实例,论述如何在项目的整个生命周期中确保与客户的良好沟通。

要点分析

本题为2011年上半年信息系统项目管理师考试论文试题一。

项目经理要想方设法管理沟通,尽最大努力做到把信息通过有效的渠道及时地传递到需要者手中,避免不必要的变更、误解、指示不清楚等情况发生。项目经理的90%的时间应花在沟通上面。项目经理在沟通中的角色可以是整合者、协调者、促进者、领导者、谈判者、聆听者、解释者和仲裁者。

1. 与客户沟通的技巧

(1) 邀请客户参加"启动大会"。

(2) 考虑到客户是最重要的项目干系人,在制定沟通管理计划时,考虑其沟通需求。

(3) 按要求向客户发布项目信息。

(4) 按要求向客户报告绩效。

(5) 协商包括客户在内的项目干系人,满足其需求,并与客户一起解决问题。

2. 保持与客户的沟通

实践证明,满意的客户所带来的收益远远大于不满意的客户,此外留住客户的维护成本是获得新客户的成本的1/6。同时,根据帕累托的80/20原则,项目组织的80%的收益来自20%高忠诚度的客户。因此,企业必须高度重视高忠诚度客户的价值,他们是项目组织基本利润来源的保证。高忠诚度客户有利于项目组织的持续改进,便于组织竞争力的提高,便于好项目的推广宣传。

在项目的整个生命周期中保持与客户的良好沟通主要包括:

(1) 需求调研、客户参与评审及确认。

(2) 客户参与技术方案评审及确认。

(3) 发给客户的项目周报、月报。

(4) 周期性碰头会,如周会。

(5) 紧急协商会。

(6) 项目状态评审会。

(7) 项目变更。

(8) 里程碑、阶段评审。

(9) 项目阶段验收、最终验收及移交。

(10) 培训用户。

(11) 采用项目沟通模板,请专家协助,提高沟通软技巧等。

解答要点

按照题目的要求,从以下三个方面进行论述。

第一,简要叙述你参与管理过的信息系统项目及项目管理过程中有关沟通的体会。

选择近期主持或参与过的信息系统项目进行概要叙述。

第二,请依据项目管理理论,简要论述应该如何与客户沟通。

与客户沟通的技巧主要包括:

(1) 邀请客户参加"启动大会"。

(2) 考虑到客户是最重要的项目干系人,在制定沟通管理计划时,考虑其沟通需求。

(3) 按要求向客户发布项目信息。

(4) 按要求向客户报告绩效。

(5) 协商包括客户在内的项目干系人,满足其需求,并与客户一起解决问题。

第三,请结合在你的项目管理实践中发生的具体实例,论述如何在项目的整个生命周期中确保与客户的良好沟通。

保持与客户的沟通主要包括:

(1) 需求调研、客户参与评审及确认。

(2) 客户参与技术方案评审及确认。

(3) 发给客户的项目周报、月报。

(4) 周期性碰头会,如周会。

(5) 紧急协商会。

(6) 项目状态评审会。

(7) 项目变更。

(8) 里程碑、阶段评审。

(9) 项目阶段验收、最终验收及移交。

(10) 培训用户。

(11) 采用项目沟通模板,请专家协助,提高沟通软技巧等。

可以结合实例,就如何进行良好的冲突管理作具体说明。冲突管理是利用沟通技能创造性地处理项目冲突的艺术。良好的冲突管理可以引导冲突向积极的、协作的而非破坏性的方向发展。项目管理过程中可以很好地体现项目经理的管理能力和手段。

例 3-16 论信息系统项目的沟通管理

在一个信息系统项目中存在多种干系人,他们的关注点和需求各不相同,对承建方项目经理来说,沟通管理尤为重要,项目经理应重视和加强项目的沟通管理工作,包括做好沟通管理计划、向干系人发布项目信息、向客户报告项目绩效、管理和协调包括客户在内的项目干系人,以及解决项目中遇到的问题。项目经理应采用有效的沟通技巧与干系人沟通,以达到事半功倍的效果,从而为项目的成功创造良好的环境。

请围绕"信息系统项目的沟通管理"论题,分别从以下三个方面进行论述:

1. 简要叙述你参与管理过的信息系统项目(如项目背景、发起单位、项目目标、项目内容、组织结构、项目周期、交付产品、设计的主要干系人等)和你在其中承担的主要工作。

2. 简要叙述沟通管理对该项目的重要性和作用。

3. 请结合项目管理理论和你在项目沟通管理中的具体工作,详细论述在项目中如何做好沟通管理。

要点分析

本题为2013年下半年信息系统项目管理师考试论文试题二。

项目沟通管理就是为了确保信息合理收集和传输,以及最终处理所需实施的一系列过程。项目沟通管理过程揭示了实现成功沟通所需的人员、观点和信息这三项要素之间的一种联络过程。项目经理要花费大量无规律的时间与项目团队、项目干系人、客户和赞助商沟通。项目中的每一成员都应当了解沟通是如何在整体上影响的。项目沟通管理包括沟通计划编制、信息分发、绩效报告、项目干系人管理等过程。沟通计划编制过程确定项目干系人的信息和沟通需求。信息分发过程以合适的方式及时向项目干系人提供所需要的信息。绩效报告过程收集并分发有关项目绩效的信息,包括状态报告、进展报告和预测。项目干系人管理过程对项目沟通进行管理,以满足信息需要者的需求并解决项目干系人的问题。项目客户关系管理是把客户关系管理理念引入到信息系统项目管理中产生的研究成果。

项目沟通管理过程主要包括如下内容。

(1) 沟通计划编制。确定项目干系人的信息和沟通需求,哪些人是项目干系人,他们对该项目的收益水平和影响程度如何,谁需要什么样的信息,何时需要,以及应怎样分发给他们。

(2) 信息分发。以合适的方式及时向项目干系人提供所需信息。

(3) 绩效报告。收集并分发有关项目绩效的信息,包括状态报告、进度报告和预测。

(4) 项目干系人管理。对项目沟通进行管理,以满足信息需要者的需求并解决项目干系人之间的问题。

在项目的整个生命周期内,项目的沟通起着不可估量的作用。项目团队与客户的沟通、项目团队与上级部门的沟通、项目团队与供货商之间的沟通、项目团队成员内部的沟通,所有这些沟通贯穿于整个项目的始终。当项目发生变化和变更时需要沟通,当项目发生冲突时也需要沟通,在项目的生命周期中,所有信息输入输出的过程,都是项目的沟通过程。如果不能把信息通过有效的渠道及时地传递到需要者手中,将会给项目带来混乱,甚至是失败。

解答要点

按照题目的要求,从以下三个方面进行论述。

第一,简要叙述你参与管理过的信息系统项目(如项目背景、发起单位、项目目标、项目内容、组织结构、项目周期、交付产品、设计的主要干系人等)和你在其中承担的主要工作。

选择近期主持或参与过的信息系统项目进行概要叙述。

第二,简要叙述沟通管理对该项目的重要性和作用。

许多专家都认为信息系统项目失败的重要原因是沟通的失败。沟通是人与人之间传递和交换信息的过程,对于项目取得成功是必不可少的。掌握沟通模型、沟通渠道、沟通方法、沟通类型与沟通障碍等基本知识有利于加强对项目沟通管理的认识。项目经理在沟通中的作用非常明显,强化沟通的措施可以保证项目团队沟通顺畅。

第三,请结合项目管理理论和你在项目沟通管理中的具体工作,详细论述在项目中如何做好沟通管理。

可以结合实际工作情况,从改善项目的沟通和解决冲突的角度出发,详细论述在项目中如何做好沟通管理。

3.8 项目采购管理

3.8.1 理论基础

1. 项目采购管理概述

任何一个项目的实施都需要有一定的资源投入,对项目组织来说,这些资源包括设备、材料、资金、人员等。资源的投入是项目得以顺畅实施的重要保障。与资源投入密切相关的项目采购管理是任何项目都必须开展的,它是项目执行的关键性工作,是做好项目的重要方面,项目采购管理的模式在某种程度上决定了项目管理的模式,对项目整体管理起着决定性作用。

项目采购管理是从项目外采购工作所需的产品和服务的过程。项目采购管理包括项目团队管理合同所需的合同管理和变更控制过程,同时也包括对项目买方与项目团队间合同的管理。

任何一个项目的管理都是由一系列的阶段和过程构成的。项目采购管理的具体工作过程包括如下内容:

(1)采购计划编制。决定采购什么,何时采购。项目采购计划是项目采购管理的核心文件,而项目采购计划的制定是项目采购管理最重要的工作之一。

(2)编制合同。记录项目对于产品和服务的需求,并且寻找潜在供应商。

(3)招标。获取适当的信息、报价、标书、要约或建议书。

(4)供方选择。审核所有要约,选择供应商并与之谈判最终合同。

(5)合同管理。管理合同以及买卖关系,审核并记录供应商的绩效以建立必须的纠正措施并作为选择供应商的参考,管理合同相关的变更和与项目客户的合同关系。

(6)合同收尾。合同履行和清算,包括对一些未决项目的决策。

这些过程之间以及与其他领域的过程之间相互作用。根据项目需要,每一过程可以由个人、多人或团体来完成。

合同是对合同双方具有法律约束力的协议(文件)。一旦双方签订了合同,除非有法律规定的特殊情况外,合同当中说明的所有条款都必须严格执行。《中华人民共和国合同法》规定,合同是平等主体的自然人、法人、其他组织之间设立、变更、终止民事权利义务关系的协议。合同是买卖双方形成的一个共同遵守的协议,卖方有义务提供合同指定的产品和服务,而买方则有义务支付合同规定的价款。合同是一种法律关系。根据订立合同领域的不同,有时也将合同称为协议、采购单或者子合同等。

不论合同以口头形式、书面形式,抑或是其他形式,其实质都是具有同等法律效力的。

合同的条款由合同双方自行商定,一般其中主要的条款包括:

(1) 当事人的名称和地址。

(2) 标的(指工程项目、货物、劳务等)。

(3) 数量和质量。

(4) 价款或酬金。

(5) 履行合同的期限、地点和方式。

(6) 违约责任和解决争议的方法。

对于技术合同,则一般会包括项目名称、标的内容、范围和要求、履行的计划、进度、期限、地点、地域和方式、技术情报和资料的保密、风险责任的承担、技术成果的归属和收益的分成方法、验收标准和方法、价款、报酬或者使用费及其支付方式、违约金或者损失赔偿的计算方法、解决争议的方法、名词术语的解释等。

招投标是一种因招标人的邀约,引发投标者的承诺,经过招标人对投标者择优选定,最终形成协议或合同关系的一种平等经济主体之间的活动过程,是法人之间形成有偿、具有约束力合约的法律行为。招投标中主要经历招标、投标、开标、评标和中标五个过程。招标一定要坚持公开、公平、公正、诚实信用的原则。采购方也可以委托招标代理机构组织招投标。招投标的方式又可以分为公开招标、邀请招标、协商议标、两段招标等。

采购合同的管理主要是为了达到如下目的:

(1) 采购合同的有效执行。

(2) 采购产品及服务质量的控制。

2. 合同收尾

项目收尾是一个十分重要阶段,它标志着项目正式通过验收,项目保障利润、资金落实到位,同时也与客户关系保持良好态势。但是项目收尾却又是经常被忽视的阶段。各类软件企业正在承建或已经完成的大大小小的软件系统工程不计其数,但其中花费了大量人力、物力和财力,却迟迟不能收回尾款的软件项目屡见不鲜。对于软件企业来讲,软件项目的利润往往都来源于项目尾款,项目一旦成为烂尾项目,不能收回尾款,就意味着软件企业丧失了大部分利润,甚至会因为工期延长,产生较高的成本,直接导致软件企业亏损。

在这种背景下,要求软件企业加强项目管理力度、提高项目管理水平,特别是对软件系统工程的全过程加强控制和管理,保质保量地完成客户要求,才可以保障项目收尾阶段的工作进展顺利。

同时,要正式结束一个项目,通常需要做三个方面的工作,包括技术收尾、合同收尾和行政收尾。

(1) 技术收尾。它是指按项目计划的要求对项目可交付成果进行正式验收和移交。项目技术收尾的主要目的是检验项目产品是否满足项目客户的要求,并在验收合格之后向客户移交项目产品和相关资料。如果项目产品符合他们的要求,他们愿意正式接收项目产品,就表示项目验收合格。对通过验收的项目成果,应该向项目团队的内部或外部客户办理正式移交手续。通常以书面移交文件的签署标志移交工作的完成。

（2）合同收尾。它的主要内容包括两个方面，一是核实项目合同的产品，确认合同卖方提供的产品或服务是否符合合同的要求，是否满足合同客户的要求，能否获得买方认可；二是进行合同的管理收尾工作，系统地收集、索引和整理合同执行过程中所产生的合同资料，总结采购和合同执行中的经验教训，为将来提供经验和资料。如果合同双方没有发生合同争议，合同收尾工作通常比较简单。如果双方协商无法达成协议的相关事项，需要第三方介入来解决。

合同收尾的程序包括以下几个方面：
- 确认和验收已经完成的合同工作和可交付成果。
- 移交可交付成果和相关资料。
- 解决所有未决事宜。
- 确认最终的价款结算。
- 支付最终的剩余价款。
- 解除有关合同担保。
- 出具有关合同结束的书面证明。

（3）行政收尾。它是指收集、索引、整理项目资料，并对项目管理全过程进行总结，实现经验教训的文档化，并把经验教训提升到组织过程资产的高度，更新组织过程资产。

项目的每个阶段都会产生项目资料，应该在项目计划阶段就制订规则，对资料的编号、利用和存储作出明确规定。项目团队成员应该熟悉和坚持这些规则，以便使行政收尾阶段的资料整理工作变得相对比较简单。

对项目管理全过程进行经验教训总结，这是项目后评价的工作。项目后评价完成后，要形成书面的项目后评价报告。该报告是文档化的经验教训，可以对以后的项目起到重要的借鉴作用。

3. 外包管理

外包管理是指依据服务协议，将某项目服务的持续管理责任转嫁给第三者执行。企业现行采用的主要外包形式有活动外包、服务外包、内包、合包、利益关系。业务外包这个新兴的管理模式以其有效降低成本、增强企业的核心竞争力等特性成了越来越多国内外企业采取的一项重要的战略决策。

从本质上说，外包也是产品、服务采购的一种形式。参照项目采购管理过程，外包管理可以采用如下的过程：

（1）外包计划。决定外包什么，何时外包。
（2）合同编制。记录项目对于产品和服务的需求，并且寻找潜在的承包商。
（3）招标。发布项目外包招标书，接收投标人的投标书。
（4）承包商选择。审查、比较所有的投标书，选择承包商并与之谈判最终合同。
（5）合同管理。管理合同，以及买卖关系；审核并记录承包商的绩效以建立必需的纠正措施并作为将来选择承包商的参考；管理合同相关的变更和与项目客户的合同关系。
（6）合同收尾。合同履行和清算，包括对一些未决项目的实施。

4. 项目采购管理知识体系

项目采购管理知识体系(输入、工具技术与输出)如表 3.8 所示。

表 3.8 项目采购管理知识体系(输入、工具技术与输出)

	输入	工具和技术	输出
采购计划编制	项目章程 项目范围说明书 项目管理计划 工作分解结构和字典 环境因素和组织因素 组织过程资产 风险记录	自制、外购分析 专家判断 合同类型	采购管理计划 工作说明书
编制合同	采购管理计划 工作说明书 项目管理计划 自制、外购决定	标准表格 专家判断	采购文档 评估标准 工作说明书(更新)
招标	采购文档 组织过程资产	招标人会议 广告	合格卖方清单 采购文件包 建议书
供方选择	建议书 评估标准 组织过程资产 风险数据库 风险相关的合同协议 合格卖方清单 采购文件包	加权系统 独立估算 筛选系统 合同谈判	选择的供方 合同 合同管理计划 资源可用性
合同管理	合同 绩效报告 已批准的变更申请 工作绩效信息 选择的供方	合同变更控制系统 买方主持的绩效评审 检查和审计 绩效报告 支付系统 索赔管理 记录管理系统	组织过程资产(更新) 请求的变更 建议的纠正措施 合同文件
合同收尾	合同文件 合同收尾过程	过程审计 记录管理系统	组织过程资产(更新)

3.8.2 论文指导

例 3-17 论项目的采购管理

项目采购管理是为完成项目工作从承担该项目的组织外部购买或获取项目所需的产

品、服务或成果的过程。随着IT行业的快速发展和技术不断进步,行业的分工更细,更加强调分工与合作。对本企业不能提供,或虽然能提供但不具备竞争力,同时市场已存在的高性价比的产品、服务和成果,可以以采购的方式获得。

项目采购管理对项目的成功至关重要,规范的项目采购管理要符合项目需要,兼顾经济性、合理性和有效性。

请围绕"项目的采购管理"论题,分别从以下几个方面进行论述:

1. 简要叙述你参与的信息系统项目情况(项目的概况如名称、客户、项目目标、系统构成、采购特点以及你的角色)。

2. 请结合你的项目采购管理经历,论述你是如何灵活运用采购管理理论来管理项目采购的。

3. 简要叙述在实际管理项目时,遇到的典型采购问题及其解决方法。

要点分析

本题为2008年下半年信息系统项目管理师考试论文试题一。

结合项目采购管理过程的实例来说明是如何运用采购管理理论进行项目的实际采购管理的。

(1) 实际的采购计划,应论述如何进行实际的自制或外购分析的,怎样制订采购计划的,采购计划是否实际可行。

(2) 实际的询价计划,应结合实际论述是如何制定询价计划的。

(3) 实际的询价、招投标是如何进行的。如果没有采用招投标方法,原因是什么?

(4) 实际的供方是如何选择出来的,例如应给出评分表和评分的准则。

(5) 实际是如何对合同进行管理的。

(6) 实际的合同收尾是如何进行的。

(7) 采购总结。

考生在结合实际论述时,必须有实际的采购计划或类似采购计划的文件,以上过程根据考生的实际项目可以合并,但至少应有编制采购计划、询价(供方选择)、合同管理(或合同收尾或采购总结)三个过程。

解答要点

按照题目的要求,从以下三个方面进行论述。

第一,简要叙述你参与的信息系统项目情况(项目的概况如名称、客户、项目目标、系统构成、采购特点以及你的角色)。

选择近期主持或参与过的信息系统项目进行概要叙述。

第二,请结合你的项目采购管理经历,论述你是如何灵活运用采购管理理论来管理项目采购的。

考生应结合项目采购管理过程的实例来说明,是如何运用采购管理理论进行项目的实际采购管理的。

(1)实际的采购计划,应论述如何进行实际的自制或外购分析的,怎样制订采购计划的,采购计划是否实际可行。

(2)实际的询价计划,应结合实际论述是如何制定询价计划的。

(3)实际的询价、招投标是如何进行的。如果没有采用招投标方法,原因是什么?

(4)实际的供方是如何选择出来的,例如应给出评分表和评分的准则。

(5)实际是如何对合同进行管理的。

(6)实际的合同收尾是如何进行的。

(7)采购总结。

考生在结合实际论述时,必须有实际的采购计划或类似采购计划的文件,以上过程根据考生的实际项目可以合并,但至少应有编制采购计划、询价(供方选择)、合同管理(或合同收尾或采购总结)三个过程。

第三,简要叙述在实际管理项目时,遇到的典型采购问题及其解决方法。

考生应结合自己的实际项目,陈述采购管理中遇到的典型采购问题以及对这些问题的解决方法,并给出这些方法的实际效果及分析。可以从项目采购管理各过程中选取相应的切入点进行论述,如自制或外购分析、编制采购文件和评价标准、招标与投标、评标和授标等。

3.9 项目风险管理

3.9.1 理论基础

1. 项目风险管理概述

项目风险管理是指通过风险识别、风险分析和风险评价来认识项目的风险,并以此为基础合理地使用各种风险应对措施、管理方法技术和手段,对项目的风险实行有效的控制,妥善处理风险事件造成的不利后果,以最少的成本保证项目总体目标实现的管理工作。

项目风险的特性主要包括风险存在的客观性和普遍性(风险的存在不以个人的意志为转移)、某一具体风险发生的偶然性、大量风险发生的必然性、风险的可变性(在一定条件下风险可以转化)、风险的多样性和多层次性。

项目风险可以按照多种方式进行分类。按照风险后果的不同,风险可以分为纯粹风险和投机风险。按照风险来源或损失产生的原因,风险可以分为自然风险和人为风险。按照风险的形态分类,风险可以分为静态风险和动态风险等。按照风险可否管理分类,风险可以分为可管理风险和不可以管理风险等。按照风险的影响范围分类,风险可以分为局部风险和总体风险等。若按风险后果的承担者来划分有项目业主风险、政府风险、承包商风险、投资方风险、设计单位风险、监理单位风险、供应商风险、担保方风险和保险公司风险等。按照风险对目标的影响分析,可以分为工期风险、费用风险、质量风险、市场风险、信誉风险和法律责任等。

项目风险管理包括进行风险管理计划编制、对项目风险进行识别、分析和应对的过程。假如某事件对项目的目标有正面影响，则风险管理过程把该事件的概率和影响扩大到最大，反之，则减少到最小。项目风险管理主要包括以下过程。

（1）风险管理计划编制。它是项目风险管理的首要工作。决定了如何动手处理、规划和实施项目的风险管理活动。

（2）风险识别。对项目进行风险管理，首先必须对存在的风险进行识别，以明确哪些风险会对项目造成影响，并记录下这些风险的属性，便于制定规避风险和降低风险的计划和策略。

（3）定性风险分析。对项目的风险进行优先级排序，以便进行后续的深入分析，或者根据对风险概率和影响的评估采取适当的措施。定性风险分析过程之后，可以进入定量风险分析过程或直接进入风险应对规划过程。

（4）定量风险分析。测量风险出现的概率和结果，并评估它们对项目目标的影响。

（5）风险应对计划编制。开发一些应对方案和措施以提高项目成功的机会、降低项目失败的威胁。

（6）风险监控。在项目的整个生命周期内，监视残余风险，识别新的风险，执行风险应对计划，以及评估这些工作的有效性。

这些过程之间相互作用，也与其他知识领域中的各种过程相互作用。在每一个项目中，每个过程一般至少会出现一次。在实践中，这些过程可能会交叉重叠，互相影响。

2. 项目风险控制

项目风险管理是一个动态过程，在项目运行的每一个阶段都应进行风险管理。

在项目的早期阶段就开始进行风险管理效果最好，一般是越早越好。在项目进展中出现了一些未曾预料的新情况，或者处于项目的里程碑节点等情形时，运用风险管理效果尤为突出。

软件开发项目过程风险的识别就是确定何种风险事件可能影响项目。风险识别是进行风险管理的基础。同时，风险识别也可以通过多种方式，如软件需求阶段的风险、设计阶段的风险、实施阶段引入的风险、维护阶段的风险等。

风险分析就是对以上识别出来的风险事件做风险影响分析。和风险有关的有以下四个因素：

（1）风险事件。破坏或影响项目的事件。

（2）风险概率。事件发生的可能性。

（3）风险得失量（金额）。说明可能造成的损失。

（4）风险影响（金额）。等于风险概率与风险得失量的乘积。

通过对风险及风险的相互作用的估算来评价项目可能出现的结果的范围，从成本、进度及性能三个方面对风险进行评价，确定哪些风险事件或来源可以避免，哪些可以忽略不计，哪些要采取应对措施。

风险的驾驭与监控主要靠管理者的经验来实施，它是利用项目管理方法及其他某些技术,如原型法、软件心理学、可靠性等来设法避免或转移风险。

3. 项目风险管理知识体系

项目风险管理知识体系(输入、工具技术与输出)如表 3.9 所示。

表 3.9 项目风险管理知识体系(输入、工具技术与输出)

	输入	工具和技术	输出
风险管理计划编制	项目章程 项目范围说明书 组织范围说明书 项目管理计划 环境和组织因素	计划会	风险管理计划
风险识别	项目章程 项目范围说明书 项目管理计划 组织过程资产 环境及组织因素	文件审核 信息收集技术 检查表 假设分析 图解技术	风险记录 项目管理计划(更新)
定性风险分析	项目管理计划 组织过程资产 工作绩效信息 项目范围说明	风险概率及影响评估 概率-影响矩阵 风险数据质量评估 风险种类 风险紧急度评估	风险记录
定量风险分析	项目管理计划 组织过程资产 风险记录	数据收集和表示技术 定量风险分析和建模技术	更新的风险记录 项目可能性分析 实现成本和进度目标的可能性 已量化风险优选级列表 定量风险分析结果中的趋势
风险应对计划编制	风险管理计划 风险记录	负面风险(威胁)的应对策略 正面风险(威胁)的应对策略 同时适用威胁和机会的应对策略	风险记录(更新) 风险相关的合同协议
风险监控	项目管理计划 工作绩效信息 批准的变更请求	风险评估 风险审计和定期的风险评审 差异和趋势分析 技术绩效评估 预留管理	建议的纠正措施 变更申请 风险记录(更新) 组织过程资产(更新)

3.9.2 论文指导

例 3-18 论项目的风险管理

对项目风险进行管理,已经成为项目管理的重要方面。每一个项目都有风险。完全避开或消除风险,或者只享受权益而不承担风险,都是不可能的。另一方面,对项目风险进行认真的分析、科学的管理，能够避开不利条件、减少损失、取得预期的结果并实现项目目标。

请围绕"项目的风险管理"论题，分别从以下三个方面进行论述：

1. 概要叙述你参与管理过的信息系统项目（项目的背景、发起单位、目的、项目周期、交付的产品等），以及该项目在风险管理方面的情况。

2. 请简要概述你对于项目风险的认识以及项目风险管理的基本过程。

3. 结合你的项目经历，概要论述信息系统项目经常面临的主要风险、产生根源和可以采取的应对措施。

要点分析

本题为2005年下半年信息系统项目管理师考试论文试题一。

1. 对于项目风险的认识以及项目风险管理的基本过程

项目是在复杂的自然和社会环境中进行的，受众多因素的影响。对于这些内外因素，从事项目活动的主体往往认识不足或者没有足够的力量加以控制。项目的过程和结果常常出乎人们的意料，有时不但未达到项目主体预期的目的，反而使其蒙受各种各样的损失；而有时又会给他们带来很好的机会。项目同其他经济活动一样带有风险。要避免和减少损失，将威胁转化为机会，项目主体就必须了解和掌握项目风险的来源、性质和发生规律，进而实行有效的管理。

项目风险是一种不确定的事件或条件，一旦发生，会对项目目标产生某种正面或负面的影响。风险有其成因，同时，如果风险发生，也导致某种后果。当事件、活动或项目有损失或收益与之相联系，涉及某种偶然性或不确定性和涉及到某种选择时，才称为有风险。以上三条，每一个都是风险定义的必要条件，不是充分条件。具有不确定性的事件不一定是风险。

项目风险管理包括进行风险管理计划编制、对项目风险进行识别、分析和应对的过程。假如某事件对项目的目标有正面影响，则风险管理过程把该事件的概率和影响扩大到最大，反之，则减少到最小。项目风险管理主要包括以下过程。

（1）风险管理计划编制。决定了如何动手处理、规划和实施项目的风险管理活动。

（2）风险识别。明确哪些风险会对项目造成影响，并记录下这些风险的属性，便于制定规避风险和降低风险的计划和策略。

（3）定性风险分析。对项目的风险进行优先级排序，以便进行后续的深入分析，或者根据对风险概率和影响的评估采取适当的措施。

（4）定量风险分析。测量风险出现的概率和结果，并评估它们对项目目标的影响。

（5）风险应对计划编制。开发一些应对方案和措施以提高项目成功的机会、降低项目失败的威胁。

（6）风险监控。在项目的整个生命周期内，监视残余风险，识别新的风险，执行风险应对计划，以及评估这些工作的有效性。

2. 信息系统项目经常面临的主要风险、产生原因以及应对措施

信息系统项目经常面临的主要风险、产生原因以及应对措施，如表3.10所示。

表 3.10 信息系统项目经常面临的主要风险、产生原因以及应对措施

风 险 项	产 生 原 因	应 对 措 施
没有正确理解业务问题	项目干系人对业务的认识不足、计算起来过于复杂、不合理的业务压力、不现实的期限	用户教育、系统所有者和用户的承诺和参与
客户不能恰当地使用系统	信息系统没有与制作战略相结合、对用户没有做足够的解释	用户的定期参与、项目的阶段交付
拒绝需求变化	固定的预算、固定的期限、决策者对市场和技术缺乏正确的理解	变更管理、应急措施
对工作的分析和评估不足	缺乏项目管理经验、工作压力过大、对项目工作不熟悉	采用标准技术
人员流动	不现实的工作条件、较差的工作关系、缺乏对员工的长远期望	保持好的职员条件、确保人与工作匹配、保持候补、外购
缺乏恰当的技术工具	技术检验不足、缺乏技术管理准则、技术人员的市场调研或对市场的理解有误、研究预算不足	预先测试、教育培训、替代工具
缺乏合适的技术实施人员	对组织架构缺乏认识、缺乏中长期的人力资源计划、组织不重视技术人才和技术工作	外购、招募、培训
缺乏合适的技术平台	缺乏长期远见、没有对市场和技术研究、团队庞大陈旧难以转型、缺乏预算	全面评估、推迟决策
技术陈旧过时	缺乏技术前瞻人才、轻视技术、缺乏预算	延迟项目、标准检测、前期研究

解答要点

按照题目的要求,从以下三个方面进行论述。

第一,概要叙述你参与管理过的信息系统项目(项目的背景、发起单位、目的、项目周期、交付的产品等),以及该项目在风险管理方面的情况。

选择近期主持或参与过的信息系统项目进行概要叙述。

第二,请简要概述你对于项目风险的认识以及项目风险管理的基本过程。

对于项目风险的认识,主要包括项目风险的定义、风险的特征、风险的各种分类方法及分类、项目风险管理的过程、风险管理计划的内容、风险识别的主要内容及风险识别的主要方法、定性和定量的风险分析方法、风险应对的策略等。

第三,结合你的项目经历,概要论述信息系统项目经常面临的主要风险、产生原因以及应对措施。

根据项目经验,总结在项目中遇到的主要风险、产生原因以及应对措施。

例 3-19 论信息系统项目风险管理

项目同其他经济活动一样存在风险,项目管理者必须对风险实施有效的管理。项目风险管理包括风险管理计划编制、对项目风险进行识别、分析、应对和监控的过程。完全避免或消除风险,或者只享受权益而不承担风险,是不可能的。主要风险清单是一个重要的风险

管理工具,它指明了项目在任何时候面临的最大风险。通过对主要风险进行追踪并建立应对措施,可以使项目经理保持较强的风险管理意识。

请围绕"信息系统工程的风险管理"论题,分别从以下三个方面进行论述:

1. 概要叙述你参与管理过的信息系统项目(项目的背景、发起单位、目的、项目周期、交付的产品等),你担任的工作,以及在风险管理方面承担的职责。

2. 请简要论述你对项目风险的认识和项目风险管理的基本过程、主要方法、工具。

3. 结合你的项目实际经历,请指出你参与管理过的信息系统项目最重要的风险是什么,并具体阐述其应对计划,包括风险描述、出现的原因、采用的具体应对措施、方法和工具等。

要点分析

本题为 2012 年上半年信息系统项目管理师考试论文试题一。

1. 对项目风险的认识

项目需要以有限的成本,在有限的时间内达到项目目标。项目风险是影响项目成败的重要因素。作为项目经理,必须评估项目中的风险,制定风险应对策略,以此保证项目的顺利进行。项目风险管理主要包括以下六个过程:风险管理计划编制、风险识别、定性风险分析、定量风险分析、风险应对计划编制、风险监控。

- 风险管理计划编制。决定了如何动手处理、规划和实施项目的风险管理活动。
- 风险识别。明确哪些风险会对项目造成影响,并记录下这些风险的属性,便于制定规避风险和降低风险的计划和策略。
- 定性风险分析。对项目的风险进行优先级排序,以便进行后续的深入分析,或者根据对风险概率和影响的评估采取适当的措施。
- 定量风险分析。测量风险出现的概率和结果,并评估它们对项目目标的影响。
- 风险应对计划编制。开发一些应对方案和措施以提高项目成功的机会、降低项目失败的威胁。
- 风险监控。在项目的整个生命周期内,监视残余风险,识别新的风险,执行风险应对计划,以及评估这些工作的有效性。

2. 项目风险管理的基本过程、主要方法和工具

项目风险管理的基本过程、主要方法、工具如下所述。

(1) 风险管理计划

风险管理计划编制通常采用会议的形式来制定,其输入主要包括:

- 项目章程。
- 项目范围说明书。
- 项目管理计划。
- 组织过程资产。
- 环境和组织因素。

风险管理计划编制的工具和技术主要包括：
- 风险核对表法。
- 风险管理表格。
- 风险数据库模式。

风险管理计划编制的输出主要包括：
- 方法论。定义项目中实施风险管理的方法、工具和可用的数据。
- 角色与职责。定义领导者、支持者和风险管理团队的角色，并且为角色分配具体人选。
- 预算。为风险管理分配资源并估计成本以便包含到项目成本基线中。
- 制定时间表。定义在项目整个生命周期中风险管理过程的执行频度，并定义风险管理活动以便包含在项目的进度计划中。
- 风险类别。提供一种机构化方法以便使风险识别的过程系统化、全面化，以便组织在统一的框架下进行风险识别，提高风险识别的工作质量和有效性。
- 风险概率和影响力的定义。此由组织来定义，需要保证定性的风险分析的质量和可信度。
- 概率及影响矩阵。根据风险对项目目标的影响程度，对风险进行排序，形成矩阵。
- 已修订的项目干系人对风险的容忍度。
- 报告的格式。
- 跟踪。

（2）风险识别

风险识别的输入主要包括：
- 项目章程。
- 项目范围说明书。
- 项目管理计划。
- 组织过程资产。
- 环境和组织因素。

风险识别的工具和技术主要包括：
- 文档评审。
- 信息收集技术。包括头脑风暴法、德尔菲法、访谈法、SWOT（优势、劣势、机会、威胁）分析等。
- 检查表。
- 假设分析。
- 图解技术。包括因果分析图、系统或过程的流程图、影像图等。

风险识别的输出主要包括：
- 风险记录。已识别的风险列表、风险征兆或警告信号、潜在的风险应对方法列表、风险的根本原因、更新的风险分类等。

- 项目管理计划(更新)。

(3) 定性风险分析

定性风险分析的输入主要包括：
- 项目管理计划。包括风险管理计划、风险记录等。
- 组织过程资产。
- 工作绩效信息。
- 项目范围说明。
- 风险记录。

定性风险分析的工具和技术主要包括：
- 风险概率及影响评估。
- 概率及影响矩阵。
- 风险数据质量评估。
- 风险种类。
- 风险紧急度评估。

定性风险分析的输出主要包括：

风险记录(更新)。按优先级或相对等级排列的项目风险、按种类的风险分组、需要近期作出响应的风险列表、需要进一步分析和应对的风险列表、低优先级风险的监视表、定性风险分析的趋势等。

(4) 定量风险分析

定量风险分析的输入主要包括：
- 项目管理计划。包括风险管理计划中与量化分析相关的关键要素、经过更新的风险记录、包含活动的逻辑关系及活动历时估算的进度管理计划、包含成本估算的成本管理计划、项目范围说明和范围管理计划、工作分解结构等。
- 组织过程资产。
- 风险记录。

定量风险分析的工具和技术主要包括：
- 数据收集和表示技术。包括访谈、概率分布、专家判断。
- 定量风险分析和建模技术。包括灵敏度分析、期望货币价值分析(EMV)、决策树分析、建模和仿真。

定量风险分析的输出主要包括：
- 更新的风险记录。项目可能性分析、实现成本和进度目标的可能性、已量化风险的优先级列表、定量风险分析结果中的趋势等。

(5) 风险应对计划

风险应对计划的输入主要包括：

项目管理计划。包括风险管理计划、风险记录等。

风险应对计划的工具和技术主要包括：

- 负面风险(威胁)的应对策略。避免、转移和减轻。
- 正向风险(机会)的应对策略。开拓、分享和强化。
- 同时适用威胁和机会的应对策略。有时采取一种风险接收策略,最通常的风险应对策略是预留突发事件预备资源,包括进度、成本或资源来处理已知的甚至是潜在的突发的未知风险。
- 应急响应策略。

风险应对计划的输出主要包括:

- 风险记录(更新)。已识别的风险及其描述;风险责任人及其职责;定性和定量分析过程的结果;一致认同的应对策略;执行选定的应对策略所需的具体行动;在应对策略执行后,期望的残留风险的水平;风险发生时的预警和信号;风险应对策略所需的预算和时间;时间和成本的应急储备,目的是为项目干系人提供一定的风险承受能力;启动应急计划的出发条件;风险一旦发生后所采用的回退计划;残留风险;二级风险;需要的应急储备量等。
- 风险相关的合同协议。

(6) 风险监控

风险监控的输入主要包括:

- 项目管理计划。包括风险管理计划、风险记录等。
- 工作绩效信息。包括计划交付的状态、改正措施和执行报告等。
- 批准的变更请求。

风险监控的工具和技术主要包括:

- 风险评估。
- 风险审计和定期的风险评审。
- 差异和趋势分析。
- 技术的绩效评估。
- 预留管理。

风险监控的输出主要包括:

- 建议的纠正措施。
- 变更申请。
- 风险记录(更新)。
- 组织过程资产(更新)。

3. 信息系统项目风险管理中常见的风险

信息系统项目不单纯是软件开发,还包括硬件采购、系统平台和组件的采购等,更重要的是还包括项目规划阶段。常见的项目风险主要包括需求风险、技术风险、团队风险、关键人员风险、预算风险以及范围风险等。

信息系统项目开发中的风险包括:

(1) 需求分析。需求定义不准确;追加需求;需要更长的需求定义时间;缺乏有效的需求变更管理等。

（2）项目设计。客户、开发方对系统功能的理解有差异；设计方案是优化的，但不能完全实现；设计方案基于某一些特定的成员或技术，而这些特定的成员或技术有变化；产品的规模比估计的要大；涉足不熟悉的产品领域等。

（3）项目实施。低效的项目组结构；设计方案的变更；费用超支；管理层的变更；管理层审查与决策的时间比预期的要长；缺乏必要的规范等。

（4）人员。前期任务没有按时完成；开发人员和管理层关系不佳；开发人员沟通不畅；人员的变更；需要更多的时间适应开发工具与环境等。

（5）外包。选择承包商失误；承包商没有按承诺交付组件；承包商提交的组件质量低下；承包商技术水平低等。

（6）系统用户。用户对最后交付的产品不满意；未采纳用户意见而使最终产品不能完全满足用户要求；用户对规划、原型和规格的审核、决策时间比预期要长；用户不能或没有参与规划、原型和规格阶段的审核，导致需求不稳定和产品生产周期的变更；用户提供的数据不达标，导致额外的测试、设计和集成工作等。

（7）过程管理。前期的质量保证行为不真实；缺乏规范及对标准的遵循；过于教条地坚持软件开发策略和标准；向管理层撰写报告，占用开发人员的时间比预期的多；风险管理粗心，导致未能发现重大的项目风险等。

解答要点

按照题目的要求，从以下三个方面进行论述。

第一，概要叙述你参与管理过的信息系统项目（项目的背景、发起单位、目的、项目周期、交付的产品等），你担任的工作，以及在风险管理方面承担的职责。

选择近期主持或参与过的信息系统项目进行概要叙述。

第二，请简要论述你对项目风险的认识和项目风险管理的基本过程、主要方法和工具。

对于项目风险的认识，主要包括项目风险的定义、风险的特征、风险的各种分类方法及分类、项目风险管理的过程、风险管理计划的内容、风险识别的主要内容及风险识别的主要方法、定性和定量的风险分析方法、风险应对的策略等。

从项目风险管理的各个基本过程出发，论述相关的主要方法、工具等。

第三，结合你的项目实际经历，请指出你参与管理过的信息系统项目最重要的风险是什么，并具体阐述其应对计划，包括风险描述、出现的原因、采用的具体应对措施、方法和工具等。

信息系统项目包括软、硬件多方面的管理，其中较为重要的还包括项目规划阶段。常见的项目风险主要包括需求风险、技术风险、团队风险、关键人员风险、预算风险以及范围风险等。应就具体项目经历，从实际项目的开发过程出发，阐述针对该项目中最重要的风险及其应对计划、应对措施、方法和工具等。

3.10 项目可行性研究

3.10.1 理论基础

1. 项目可行性研究概述

可行性分析是一种系统的投资决策的科学分析方法。项目可行性研究是指在项目投资决策前,通过对项目有关工程技术、经济、社会等方面的条件和情况进行调查、研究和分析,对各种可能的技术方案进行比较论证,并对投资项目建成后的经济效益和社会效益进行预测和分析,以考察项目技术上的先进性和通用性,经济上的合理性和盈利性,以及建设的可能性和可行性,继而确定项目投资建设是否可行的科学分析方法。

信息系统项目的可行性研究就是从技术、经济、社会和人员等方面的条件和情况进行调查研究,对可能的技术方案进行论证,以最终确定整个项目是否可行。信息系统项目进行可行性研究包括很多方面,可以归纳成以下几个方面:技术可行性分析、经济可行性分析、运行环境可行性分析以及其他方面的可行性分析。

项目可行性研究一般包括以下内容:

(1) 投资必要性。主要根据市场调查及预测的结果,以及有关的产业政策等因素,论证项目投资建设的必要性。

(2) 技术的可行性。主要是从项目实施的技术角度,合理设计技术方案,并进行比较、选择和评价。

(3) 财务可行性。主要从项目及投资者的角度,设计合理财务方案,从企业理财的角度进行资本预算,评价项目的财务盈利能力,进行投资决策,并从融资主体(企业)的角度评价股东投资收益、现金流量计划及债务偿还能力。

(4) 组织可行性。制定合理的项目实施进度计划、设计合理的组织机构、选择经验丰富的管理人员、建立良好的协作关系、制定合适的培训计划等,保证项目顺利执行。

(5) 经济可行性。主要是从资源配置的角度衡量项目的价值,评价项目在实现区域经济发展目标、有效配置经济资源、增加供应、创造就业、改善环境、提高人民生活等方面的效益。

(6) 社会可行性。主要分析项目对社会的影响,包括政治体制、方针政策、经济结构、法律道德、宗教民族、妇女儿童及社会稳定性等。

(7) 风险因素及对策。主要是对项目的市场风险、技术风险、财务风险、组织风险、法律风险、经济及社会风险等因素进行评价,制定规避风险的对策,为项目全过程的风险管理提供依据。

一般而言,可行性研究分为初步可行性研究、详细可行性研究和可行性研究报告三个基本的阶段,可以归纳成以下几个基本步骤。

(1) 确定项目规模和目标。

(2) 研究正在运行的系统。

(3) 建立新系统的逻辑模型。

(4) 导出和评价各种方案。

(5) 推荐可行性方案。

(6) 编写可行性研究报告。

(7) 递交可行性研究报告。

初步可行性研究的主要内容包括市场和生产能力；设备与材料投入分析；网络规划、物理布局方案的选择；项目设计；项目进度安排；项目投资与成本估算等。

详细可行性研究的主要内容包括概述；需求确定；现有资源、设施情况分析；设计（初步）技术方案；项目实施进度计划建议；投资估算和资金筹措计划；项目组织、人力资源、技术培训计划；经济和社会效益分析（效果评价）；合作或协作方式等。

2. 项目论证与项目评估

项目论证是指对拟实施项目技术上的先进性、适用性、经济上的合理性、盈利性，实施上的可能性、风险性进行全面科学的综合分析，为项目决策提供客观的一种技术经济研究活动。项目论证一般分为机会研究、初步可行性研究和详细可行性研究三个阶段。

项目论证是一个连续的过程，它包括问题的提出、制定目标、拟订方案、分析评价、最后从多种可行的方案中选出一种比较理想的最佳方案，供投资者决策。这些步骤包括：

(1) 明确项目范围和业主目标。

(2) 收集并分析相关资料。

(3) 拟定多种可行的能够相互替代的实施方案。

(4) 多方案分析、比较。

(5) 选择最优方案进一步详细全面地论证。

(6) 编制项目论证报告、环境影响报告书和采购方式审批报告。

(7) 编制资金筹措计划和项目实施进展计划。

项目评估是指在项目可行性研究的基础上，由第三方(国家、银行或有关机构)根据国家颁布的政策、法规、方法、参数和条例等，从项目(或企业)、国民经济、社会角度出发，对拟建项目建设的必要性、建设条件、生产条件、生产市场需求、工程技术、经济效益和社会效益等进行评价、分析和论证，进而判断其是否可行的一个评估过程。项目评估是项目投资前期进行决策管理的重要环节，其目的是审查项目可行性研究的可靠性、真实性和客观性，为银行的贷款决策或行政主管部门的审批决策提供科学依据。

项目评估的内容主要包括：

(1) 项目与企业概况评估。

(2) 项目建设的必要性评估。

(3) 项目建设规模评估。

(4) 资源、配件、燃料及公用设施条件评估。

(5) 网络物理布局条件和方案评估。

(6) 技术和设备方案评估。

(7) 信息安全评估。

(8) 安装工程标准评估。

(9) 实施进度评估。

(10) 项目组织、劳动定员和人员培训计划评估。

(11) 投资估算和资金筹措。

(12) 项目的财务效益评估。

(13) 国民经济效益评估。

(14) 社会效益评估。

(15) 项目风险评估。

项目评估的程序一般包括：

(1) 成立评估小组，进行分工，制定评估工作计划。评估工作计划一般应包括评估目的、评估内容、评估方法和评估进度。

(2) 开展调查研究，收集数据资料，并对可行性研究报告和相关资料进行审查和分析。

(3) 分析与评估。

(4) 编写评估报告。

(5) 讨论、修改报告。

(6) 专家论证会。

(7) 评估报告定稿。

3.10.2 论文指导

例 3-20 论信息系统工程项目的可行性研究

项目的可行性研究是项目立项前的重要工作，需要对项目所涉及的领域、投资的额度、投资的效益、采用的技术、所处的环境、融资的措施、产生的社会效益等多方面进行全面的评价，以便能够对技术、经济和社会可行性进行研究，从而确定项目的投资价值。项目可行性研究阶段若出现失真现象，将对项目的投资决策造成严重损失。因此，必须要充分认识项目可行性研究的重要性。

请围绕"信息系统工程项目的可行性研究"论题，分别从以下三个方面进行论述：

1. 结合你参与过的信息系统工程项目，概要叙述研究的背景、目的、发起单位性质、项目周期、交付产品等相关信息，以及你在其中担任的主要工作。

2. 结合你所参与的项目，从可行性研究的原则、方法、内容三个方面论述可行性研究所应实施的活动。

3. 叙述你所参与的项目可行性研究过程，并加以评价。

要点分析

本题为2010年上半年信息系统项目管理师考试论文试题二。

从可行性研究的原则、方法、内容（步骤）等方面论述在项目可行性研究过程中所实施的活动。

1. 可行性研究的原则

（1）科学性原则。要求运用科学的方法和认真的态度来收集、分析和鉴别原始的数据和资料，以确保它们的真实和可靠；要求每一项技术与经济的决定要有科学的依据，是经过认真的分析、计算而得出的。

（2）客观性原则。要求承担可行性研究的单位正确地认识各种信息化建设条件；要求实事求是地运用客观的资料做出符合科学的决定和结论；可行性研究报告和结论必须是分析研究过程合乎逻辑的结果，而不参照任何主观成分。

（3）公正性原则。要求在可行性研究过程中，应该把国家和人民利益放在首位，综合考虑项目干系人的各方利益，绝不为任何单位或个人而产生偏私之心。

2. 可行性研究的方法

结合可行性研究过程中所运用到的方法（方法包括经济评价法、市场预测法、投资估算法、增量净效益法），从方法定义、具体实施等方法进行论述。

3. 可行性研究的内容

（1）市场需求预测。从市场需求分析的内容、需求预测的内容、预测方法三个方面进行论述。

（2）配件和投入的选择供应。从配件和投入的分配、配件投入的选择与说明、配件和投入的特点三个方面论述。

（3）信息系统结构及技术方案的确定。从技术的先进性、实用性、可靠性、连锁性以及技术后果的危害性等几个方面论述。

（4）技术与设备选择。从技术选择、设备选择两个方面论述。

（5）网络物理布局。从基本设施、社会经济环境、当地条件三个方面论述。

（6）投资、成本估算与资金筹措。从总投资费用、资金筹措、开发成本、财务报表四个方面论述。

（7）经济评价及综合分析。从经济评价（包括企业经济评价和国民经济评价）、综合（包括不确定性分析、综合分析）两个方面论述。

4. 可行性研究的步骤

（1）确定项目规模和目标。

（2）研究正在运行的系统。

（3）建立新系统的逻辑模型。

（4）导出和评价各种方案。

（5）推荐可行性研究报告。

（6）编写可行性研究报告。

（7）递交可行性研究报告。

 **解答要点**

按照题目的要求,从三个方面论述。

第一,结合你参与过的信息系统工程项目,概要叙述研究的背景、目的、发起单位性质、项目周期、交付产品等相关信息,以及你在其中担任的主要工作。

选择近期主持或参与过的信息系统项目进行概要叙述。

第二,结合你所参与的项目,从可行性研究的原则、方法、内容三个方面论述可行性研究所应实施的活动。

信息系统项目开发的可行性一般包括有可能性、效益性和必要性三个方面,三者相辅相成,缺一不可。可能性包括技术、物质、资金和人员支持的可行性;效益型包括实施项目所能带来的经济效益和社会效益;必要性则比较复杂,包括社会环境、领导意愿、人员素质、认知水平等诸方面的因素。结合实际所参与的项目,从可行性研究的原则、方法、内容三个方面论述可行性研究所应实施的活动。

第三,叙述你所参与的项目可行性研究过程,并加以评价。

结合具体项目,就项目可行性研究过程的其中几个步骤,做重点说明与评价。

例 3-21 论信息系统工程项目可行性研究

项目可行性研究就是从技术、经济、社会和人员等方面对项目进行研究和论证,以确定该项目是否可行。一般来说,项目可行性研究的内容主要包括技术可行性、经济可行性、环境运行可行性,以及其他方面的可行性。

请围绕"信息系统工程项目可行性研究"论题,分别从以下三个方面进行论述:

1. 简要说明你参与的信息系统工程项目的背景、目的、发起单位的性质、项目的技术和运行特点、项目周期,以及你在项目中承担的主要工作。

2. 结合你参与的项目具体论述项目初步可行性研究和详细可行性研究的主要内容以及两者之间的联系和差异。

3. 根据你的项目经验,简要阐述项目可行性研究在信息系统工程项目中的作用与意义。

要点分析

本题为 2012 年上半年信息系统项目管理师考试论文试题一。

初步可行性研究的结果及研究的主要内容基本与详细可行性研究相同。所不同的是占有的资源细节有较大差异。

初步可行性研究的主要内容包括:

(1) 市场和生产能力。进行市场需求分析预测、渠道与推销分析、初步的销售量和销售价格预测,依据市场销售量做出初步开发规划。

(2) 设备与材料投入分析。包括从需求、设计、开发、安装实施到运营的所有设备与材料的投入分析。

(3) 网络规划、物理布局方案的选择。

(4) 项目设计。包括项目总体规划、信息系统设计和设备计划、网络工程规划等。

（5）项目进度安排。

（6）项目投资与成本估算。包括投资估算、成本估算、筹集资金的渠道及初步筹集方案。

详细可行性研究的主要内容包括：

（1）概述。提出项目开发的背景、必要性和经济意义，研究项目工作的依据和范围，产品交付的形式、种类和数量。

（2）需求确定。调查研究国内外客户的需求情况，对国内外的技术趋势进行分析，确定项目的规模、目标、产品、方案和发展方向。

（3）现有资源、设施情况分析。调查现有的资源（包括硬件设备、软件系统、数据、规章制度等种类与数量，以及这些资源的使用情况和可能的更新情况）。

（4）设计（初步）技术方案。确定项目的总体和详细目标、范围，总体的结构和组成，核心技术和关键问题、产品的功能与性能。

（5）项目实施进度计划建议。

（6）投资估算和资金筹措计划。

（7）项目组织、人力资源、技术培训计划。包括现有的人员规模、组织结构、人员层次、个人技术能力、人员技术培训计划等。

（8）经济和社会效益分析（效果评价）。

（9）合作或协作方式等。

项目的可行性研究是项目立项前的重要工作，将可行性研究的成果编制成报告，即是可行性研究报告。作为项目的前期工作的重要内容，可行性研究对项目具有十分重要的作用。主要体现在：

（1）可行性研究是坚持科学发展观、建设节约型社会的需要。

（2）可行性研究是建设项目投资决策和编制设计任务书的依据。

（3）可行性研究是项目建设单位筹集资金的重要依据。

（4）可行性研究是建设单位与各有关部门签订各种协议和合同的依据。

（5）可行性研究是建设项目进行工程设计、设备购置等的重要依据。

（6）可行性研究是项目考核和后期评估的重要依据。

解答要点

按照题目的要求，从以下三个方面进行论述。

第一，简要说明你参与的信息系统工程项目的背景、目的、发起单位的性质、项目的技术和运行特点、项目周期，以及你在项目中承担的主要工作。

选择近期主持或参与过的信息系统项目进行概要叙述。

第二，结合你参与的项目具体论述项目初步可行性研究和详细可行性研究的主要内容以及两者之间的联系和差异。

初步可行性研究的结果及研究的主要内容基本与详细可行性研究相同。所不同的是占有的资源细节有较大差异。

第三,根据你的项目经验,简要阐述项目可行性研究在信息系统工程项目中的作用与意义。

项目的可行性研究是项目立项前的重要工作,需要对项目所涉及的领域、投资的额度、投资的效益、采用的技术、所处的环境、融资的措施、产生的社会效益等多方面进行全面的评价,以便能够对技术、经济和社会可行性进行研究,以确定项目的投资价值。

3.11 项目需求管理

3.11.1 理论基础

1. 项目需求管理概述

需求指的是由项目接受的或项目产生的产品和产品构件需求,包括由组织征集的对项目的需求。需求管理的目的是确保各方对需求的一致理解,管理和控制需求的变更,从需求到最终产品的双向跟踪。

把所有与需求直接相关的活动统称为需求工程。需求工程的活动可以分为两大类,一类属于需求开发;另一类属于需求管理。

需求开发的目的是通过调查与分析,获取用户需求并定义产品需求。软件项目需求开发的结果应该有项目视图和范围文档、用例文档、软件需求规格说明及相关分析模型,经评审批准,这些文档就定义了开发工作的需求基线,这个基线在客户和开发人员之间就构筑了计划产品功能需求和非功能需求的一个约定。需求开发的过程有如下四个主要活动。

(1)需求获取。积极地与用户进行交流,捕捉、分析和修正用户对目标系统的需求,并提炼出符合解决问题的用户需求,产生《用户需求说明书》。

(2)需求分析。需求分析的目的是对各种需求信息进行分析并抽象描述,为目标系统建立一个概念模型。

(3)需求定义。需求定义的目标是根据需求调查和需求分析的结果,进一步定义准确无误的产品需求,产生《需求规格说明书》。系统设计人员将依据《需求规格说明书》开展系统设计工作。

(4)需求验证。需求验证是指开发方和用户共同对需求文档评审,经双方对需求达到共识后作出书面承诺,使需求文档具有商业合同效果。

需求管理与需求开发密切合作,需求开发涉及把项目关系人的需要转换成成品需求和决定如何在各个产品构件之间安排或分配需求。在需求管理中,要收集需求的变更和变更的理由,并且维持对原有需求和所有产品及产品构件需求的双向跟踪。在集成的能力成熟度模型(CMMI)集成中,需求开发对应需求开发过程域,需求管理对应需求管理过程域。

需求管理流程主要包括六大部分,它们分别是:

(1) 制定需求管理计划。包括确定需求管理软硬件资源、需求跟踪性矩阵、需求变更请求表等,由项目经理审批该计划。

(2) 求得对需求的理解。设法理解需求提供者提出的这些需求的含义。

(3) 求得对需求的承诺。实现从各个项目参加者处求得对需求的承诺。

(4) 管理需求变更。实现各项需求在项目推进期间发生演变的同时,对需求的变更进行管理。

(5) 维护对需求的双向跟踪性。目的在于维护对每个产品分阶层的双向跟踪性。

(6) 识别项目工作与需求之间的不一致性。

2. 需求变更控制

需求变更控制的基本原则主要有:

(1) 谨慎对待变更请求,尽量控制变更。

(2) 高度重视需求变更。

(3) 签署变更控制的协议。

(4) 在基线的基础上,做好变更实施。

(5) 需有好的变更控制工具的支持。

(6) 把项目变化融入项目计划。

(7) 及时发布变更信息。

需求变更的管理控制程序阐述如下:

(1) 建立需求基线、变更控制策略和变更控制系统。

(2) 需求变更以规定格式提出。

(3) 变更控制委员会对需求进行评估论证。

(4) 需求变更以书面方式获得批准并修改进度成本等项目计划。

(5) 定期评估需求变更对项目绩效的影响。

3.11.2 论文指导

例 3-22 论信息系统项目的需求管理

项目需求管理的目的是确保各方对需求的一致理解,管理和控制需求的变更,从需求到最终产品的双向追踪。项目的需求管理可以在很大程度上影响项目的成败。项目的需求管理流程主要包括制定需求管理计划、求得对需求的理解、求得对需求的确认、管理需求变更、维护对需求的双向跟踪、识别项目工作与需求之间的不一致等。

请围绕"信息系统项目的需求管理"论题,分别从以下三个方面进行论述:

1. 概要叙述项目的背景(发起单位、目的、项目周期、交付产品等)以及你在其中承担的工作。

2. 结合你承担的项目,从制定需求管理计划、需求变更管理和需求跟踪三方面论述需求管理应实施的活动。

3. 叙述你所参与的项目的需求管理过程,并加以评价。

要点分析

本题为2009年下半年信息系统项目管理师考试论文试题二。

从制定需求管理计划、需求变更管理、需求跟踪三方面论述需求管理应实施的活动。

1. 制定需求管理计划的主要步骤

(1) 建立并维护需求管理的组织方针。

(2) 确定需求管理所使用的资源。

(3) 分配责任。

(4) 培训计划。

(5) 确定需求管理的项目相关人员,并确定其介入时机。

(6) 制定判断项目工作与需求不一致的准则和纠正规程。

(7) 制定需求跟踪性矩阵。

(8) 制定需求变更审批规程。

(9) 制定审批规程。

2. 需求变更管理

(1) 需求变更管理必须保证的事项。应仔细评估已建议的变更;挑选合适的人选对变更做出决定;变更应及时通知所涉及的人员;项目要按一定程度来采纳需求变更。

(2) 控制项目范围的扩展。

(3) 变更控制过程。应该包括对变更控制策略、变更控制步骤、变更控制状态报告、变更控制工具四个方面的论述。

(4) 变更控制委员会的组成。产品或计划管理部门、项目管理部门、开发部门、质量或质量保证部门、市场部或客户代表、制作用户文档的部门、技术支持部门、帮助桌面或用户支持热线部门、配置管理部门(以上是可能的组成人员,考生可根据其参与项目说明组成)。

(5) 质量变更活动。

3. 需求跟踪

(1) 需求跟踪的内容。从需求跟踪的目的、需求跟踪能力矩阵、需求跟踪能力工具、需求跟踪能力过程和需求跟踪能力的可行性方面进行论述。

(2) 变更需求代价。影响分析,从影响分析过程、影响分析报告模板两方面论述。

根据考生对参与的项目中需求管理流程的叙述与评价,可以确定其有无信息系统项目管理的实际经验。

解答要点

按照题目的要求,从以下三个方面进行论述。

第一,概要叙述项目的背景(发起单位、目的、项目周期、交付产品等)以及你在其中承担的工作。

选择近期主持或参与过的信息系统项目进行概要叙述。

第二,结合你承担的项目,从制定需求管理计划、需求变更管理和需求跟踪三方面论述需求管理应实施的活动。

把所有与需求直接相关的活动统称为需求工程。需求工程的活动分为两类:需求开发和需求管理。需求开发的活动主要包括需求获取、需求分析、需求定义(规格说明)、需求验证等。需求管理的活动则主要包括变更管理、版本控制、需求跟踪、需求状态等。

第三,叙述你所参与的项目的需求管理过程,并加以评价。

需求是项目产生的产品(或构件)的根源,需求工作的优劣对产品(或产品)影响最大。如今存在一个不好的现象:人们并不清楚究竟该做什么,但是却一直忙碌不停地推进项目。需求阶段出现的错误往往很难发现,所以需求管理也需要讲究科学。需求管理的原则是:需求必须分优先级、必须文档化,需求一旦变化就必须对需求变更的影响进行评估。

需求变更存在是必然的,世上没有不变的需求。进行需求变更管理,首先要建立变更控制委员会,然后按照变更管理过程,也即变更描述(始于一个被识别的需求问题或一份明确的变更提议)、变更分析(评估被提议的变更产生的影响)和变更实现(执行变更,需求文档、系统设计和实现都要修改)三个阶段来进行变更控制。

需求跟踪的目的是:建议和维护从用户需求到测试的一致性与完整性,确保实现都以客户需求为基础,实现的需求覆盖了预期的需求,并确保输出与用户需求的符合性。需求跟踪的作用主要有:在需求验证中,便于确保所有需求被应用;有助于变更影响分析;便于需求的维护;便于测试时找出问题所在;便于项目跟踪和减少项目风险;简化了系统再设计,易于软件重用。

3.12 要点总结

3.12.1 论文试题分布情况

历年(2005—2013)信息系统项目管理师考试中,信息系统项目管理知识模块考查的最为频繁及广泛,该部分的重要性显而易见。论文试题分布情况如表 3.11 所示。

表 3.11 信息系统项目管理知识模块的论文试题分布表

考试时间	考试题目	考核知识点
2013 年下半年	试题一:论信息系统项目的质量管理和提升	项目的质量管理
	试题二:论信息系统项目的沟通管理	项目的沟通管理
2012 年上半年	试题一:论信息系统项目风险管理	项目的风险管理
	试题二:论信息系统项目可行性分析	可行性分析
2011 年下半年	试题一:论信息系统项目质量控制	项目的质量管理
	试题二:论如何做好项目团队管理	项目的人力资源管理

续表

考试时间	考试题目	考核知识点
2011年上半年	试题一：论信息系统成本管理	项目的成本管理
	试题二：论信息系统沟通管理	项目的沟通管理
2010年上半年	试题一：论信息系统工程项目的范围管理	项目的范围管理
	试题二：论信息系统工程项目的可行性分析	可行性分析
2009年下半年	试题一：论信息系统项目的成本管理	项目的成本管理
	试题二：论信息系统项目的需求管理	需求管理
2009年上半年	试题一：论软件项目质量管理及其应用	项目的质量管理
2008年下半年	试题一：论项目的采购管理	项目的采购管理
	试题二：论项目的沟通管理	项目的沟通管理
2008年上半年	试题二：论项目的质量管理	项目的质量管理
2007年下半年	试题三：论评审在项目质量管理过程中的重要作用	项目的质量管理
2006年下半年	试题一：论项目的人力资源管理	项目的人力资源管理
	试题二：论项目的整体管理	项目的整体管理
2005年下半年	试题一：论项目的风险管理	项目的风险管理
	试题二：论项目的质量管理	项目的质量管理
2005年上半年	试题一：论信息系统项目的需求管理和范围管理	需求管理、范围管理

3.12.2 考查重点与分级

针对信息系统项目管理师考试大纲对信息系统项目管理模块的考试要求看，主要包括如下七个方面：项目选择；可行性分析；项目全生命周期流程管理；项目的整体、范围、进度、成本、质量、人力资源、沟通、风险和采购管理；项目评估；企业级信息系统项目管理体系的建立；项目中的质量管理与企业质量管理异同分析。

按照实际考试中出现的频率和重要程度，将该部分的考核知识点进行分级。

第一级：质量管理、沟通管理、风险管理为考查最为频繁的一级重点部分。

第二级：可行性分析、人力资源管理、成本管理、范围管理等则为考查的二级重点部分。

进度管理、配置管理在历年考试中，尚未出现过，但是考生要引起足够的重视。作为信息系统项目管理师要有全面管理的能力，对上面各考核知识点都要熟练掌握，乃至精通，不可疏忽大意，抑或存在侥幸心理。

3.12.3 项目管理过程组与知识领域关系

项目管理九大知识领域与项目管理过程组对应的关系，如表3.12所示。

表 3.12 项目管理过程组与知识领域关系

知识领域	启动过程组	规划过程组	执行过程组	监视与控制过程组	收尾过程组
项目整体管理	制定项目章程 制定初步范围说明书	制定项目管理计划	指导和管理项目执行	监视与控制项目工作 整体变更控制	项目收尾
项目范围管理		范围规划 范围定义 创建 WBS		范围核实 范围控制	
项目进度管理		活动定义 活动排序 活动资源估算 活动历时估算 制定进度计划		进度控制	
项目成本管理		成本估算 成本预算		成本控制	
项目质量管理		质量规划	质量保证	质量控制	
项目人力资源管理		人力资源规划	组建项目团队 建设项目团队	管理项目团队	
项目沟通管理		沟通规划	信息发布	绩效报告 管理项目干系人	
项目风险管理		风险管理规划 风险识别 风险定性分析 风险定量分析 风险应对规划		风险监视与控制	
项目采购管理		采购规划 发包规划	获得卖方反应 选择提供商	合同管理	合同收尾

第4章　信息安全论文写作指导

4.1　概述

截至2014年1月,信息系统项目管理师考试自2005年5月份首次开考至今,一共举办了16次全国性考试。考试时间从2008年开始,固定为每年开考两次——分别在5月份和11月份各开考一次,逐步形成了影响力较大的系统性全国资格(水平)考试。论文考试中可供选择的试题数量也从原来2005年上半年的一题,2007年下半年和2008年上半年的三题,逐步过渡到稳定的两题,也即论文考试的选题从两题中任选一题进行论文写作。

信息安全是信息系统项目管理师考试论文考试中较少涉及的知识模块。历年统计发现,在16次考试中,仅仅在2012年下半年出过一次考题。如表4.1所示为信息安全知识模块所包含的知识点。如图4.1所示为信息安全知识模块涉及的论文试题在历年考试中的分布情况。

表4.1　信息安全知识模块所包含的知识点

知　识　模　块	知　识　点
信息安全	(1) 信息安全体系 (2) 信息安全体系的安全风险评估 (3) 企业信息安全策略

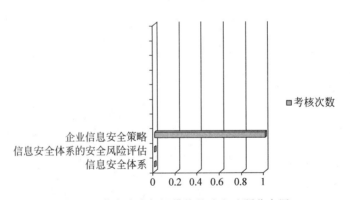

图4.1　信息安全知识模块的论文选题分布图

4.2 信息安全

4.2.1 理论基础

1. 信息安全系统和安全体系

关于信息的定义很多。信息论奠基人香农对于"信息"的定义表述为：信息就是不确定性的减少。常见的信息化定义表述为：信息化是计算机、通信和网络技术的现代化；信息化是从物质生产占主导地位的社会向信息产业占主导地位的社会转变的发展过程；信息化是从工业社会向信息社会演进的过程。

国家信息化体系的战略重点主要为：

(1) 推进国民经济信息化。
(2) 推行电子政务。
(3) 推进社会信息化。
(4) 完善综合信息基础设施。
(5) 加强信息资源的开发利用。
(6) 提高信息产业竞争力。
(7) 建设国家信息安全保障体系。
(8) 提高国民信息技术应用能力。

国家信息化体系的六大要素包括信息资源；信息网络；信息技术应用；信息产业；信息化人才；信息化政策、法规、标准和规范。

信息安全保障系统一般简称为信息安全系统。可以从安全机制、安全服务以及安全技术"三维"直观地理解和掌握信息安全系统的体系架构以及它的组成情况。

(1) 安全机制

第一层：基础设施实体安全（机房安全、场地安全、设施安全、动力系统安全、灾难预防与恢复）。

第二层：平台安全（操作系统漏洞检测与修复、网络基础设施漏洞检测与修复、通用基础应用程序漏洞检测与修复、网络安全产品部署）。

第三层：数据安全（介质与载体安全保护、数据访问控制、数据完整性、数据可用性、数据监控和审计、数据存储与备份安全）。

第四层：通信安全（通信线路和网络基础设施安全性能测试与优化、安装网络加密设施、设置通信加密软件、设置身份鉴别机制、设置并测试安全通道、测试各项网络协议运行漏洞）。

第五层：应用安全（业务软件的程序安全性测试、业务交往的防抵赖测试、业务资源的访问控制验证测试、业务实体的身份鉴别检测、业务现场的备份与恢复机制检查、业务数据的唯一性/一致性和防冲突检测、业务数据的保密性测试、业务系统的可靠性测试、业务系统的可用性测试)。

第六层：运行安全(应急处置机制和配套服务、网络系统安全性监测、网络安全产品运行监测、定期检查和评估、系统升级和补丁提供、跟踪最新安全漏洞及通报、灾难恢复机制与预防、系统改造管理、网络安全专业技术咨询服务)。

第七层：管理安全(人员管理、培训管理、应用系统管理、软件管理、设备管理、文档管理、数据管理、操作管理、运行管理、机房管理)。

第八层：授权和审计安全。授权安全是指以向用户和应用程序提供权限管理和授权服务为目标，主要负责向业务应用系统提供授权服务管理，提供用户身份到应用授权的映射功能，实现与实际应用处理模式相对应的、与具体应用系统开发和管理无关的访问控制机制。审计安全是指监控网络内部的用户活动、侦察系统中存在的潜在威胁、对日常运行状况的统计和分析、对突发案件和异常事件的事后分析、辅助侦破和取证。安全审计是信息安全系统必须支持的功能特性。

第九层：安全防范体系。企业安全防范体系的建立，就是使得企业具有较强的应急事故处理能力，其核心是实现企业信息安全资源的综合管理，即EISRM。企业安全防范体系的建立可以更好地发挥以下六项能力：预警、保护、检测、反应、恢复和反击，即综合的WPDRRC信息安全保障体系。

(2) 安全服务

第一，对等实体认证服务。对等实体认证服务用于两个开放系统同等层中的实体建立链接或数据传输时，对对方实体的合法性、真实性进行确认，以防假冒。

第二，数据保密服务。数据保密服务包括多种保密服务，为了防止网络中各系统之间的数据被截获或被非法存取而泄密，提供密码加密保护。

第三，数据完整性服务。数据完整性服务用以防止非法实体对交换数据的修改、插入、删除以及在数据交换过程中的数据丢失。

第四，数据源点认证服务。数据源点认证服务用于确保数据发自真正的源点，防止假冒。

第五，禁止否认服务。禁止否认服务用以防止发送方在发送数据后否认自己发送过此数据，接收方在收到数据后否认自己收到过此数据或伪造接收数据。

第六，犯罪证据提供服务。

(3) 安全技术

第一，加密技术。加密是确保数据安全性的基本方法。

第二，数字签名技术。数字签名是确保数据真实性的基本方法。

第三，访问控制技术。访问控制按照事先确定的规则决定主体对客体的访问是否合法。

第四，数据完整性技术。数据完整性技术包括两种方式：数据单元的完整性、数据单元序列的完整性。

第五，认证技术。在计算机网络中认证主要有站点认证、报文认证、用户和进程认证等。多数认证过程采用密码技术和数字签名技术。

第六,数据挖掘技术。数据挖掘技术是及早发现隐患、将犯罪扼杀在萌芽阶段并及时修补不健全的安全防范体系的重要技术。

在建立信息系统的安全保障系统时,应严格区分信息安全保障系统的三种不同系统架构：MIS＋S、S－MIS和S2－MIS。

(1) MIS＋S系统架构。称之为"初级信息安全保障系统"或"基本信息安全保障系统"。该种系统的特点主要有业务应用系统基本不变；硬件和系统软件通用；安全设备基本不带密码。

(2) S－MIS系统架构。称之为"标准信息安全保障系统"。该种系统是建立在世界公认的PKI/CA标准的信息安全基础设施上的,该系统的特点主要有硬件和系统软件通用；PKI/CA安全保障系统必须带密码；业务应用系统必须根本改变；主要的通用的硬件、软件也要通过PKI/CA认证。

(3) S2－MIS系统架构。称之为"超安全的信息安全保障系统"。该种系统不仅使用世界公认的PKI/CA标准,同时硬件和系统软件都使用"专用的"、"安全"产品,该种系统的特点主要有硬件和系统软件都专用；PKI/CA安全基础设施必须带密码；业务应用系统必须根本改变；主要的硬件和系统软件需要PKI/CA认证。

2. 信息系统安全风险评估

尽管特定事件的发生具有不可预测性。但是在一定时期的多数事件发生的可能性可以凭借一定的技术手段和经验进行可信度估计,基本能够对项目的风险做出比较准确的识别和评估。

风险识别的常用方法有：

(1) 问询法(头脑风暴法、面谈法和德尔菲法等)。

(2) 财务报表法(各种财务报表和记录)。

(3) 流程图法(网络图或WBS法)。

(4) 现场观察法。

(5) 历史资料(索赔记录及其他风险信息)。

(6) 环境分析法(相关方和社会环境变化趋势,可能变更的法律法规)等。

(7) 类比法。

(8) 专家咨询。

一旦确定了风险要素,就要综合风险要素形成对风险的总体评估。下一步是评估与系统的信息资源相关的威胁和脆弱性以及它们出现的概率。将这些要素结合起来的通用方法是计算对于某一脆弱性威胁发生的概率,给出总体风险的衡量。风险和损失价值与威胁出现的频率成正比。

风险评估常用的方法有：

(1) 概率分布(专家预测)。

(2) 外推法(使用历史数据)。

(3) 定性评估。

（4）矩阵图分析。

（5）风险发展趋势评价方法。

（6）项目假设前提评价及数据准确度评估。

3. 信息系统安全策略

信息系统安全策略是指人们为保护因为使用计算机业务应用信息系统可能招致来的对单位资产造成损失而进行保护的各种措施、手段，以及建立的各种管理制度、法规等。一个单位的安全策略绝不能照搬别人的。一定是在对本单位的计算机业务应用信息系统的安全风险(安全威胁)进行有效的识别、评估后，为避免单位资产的损失所采取的一切有效活动。

安全策略涉及技术和非技术的、硬件和非硬件的、法律的和非法律的各个方面。

安全策略的核心内容就是"七定"：定方案、定岗、定位、定员、定目标、定制度、定工作流程。概括上述"七定"，可以归纳为一句话，即"七定"的结果就是确定了该单位或组织的计算机业务应用信息系统的安全如何具体地实施和保证。

单位的安全策略由谁来定，谁来监督执行，有违反规定的人和事，谁来负责处理。由于计算机业务应用信息系统安全的事情涉及的是单位(企业、党政机关)能否正常运营的大事，所以必须由单位的最高行政执行长官、部门或组织授权完成安全策略的制定，并经过单位的全员讨论修订。从安全策略宣布实行之日起，安全策略就是单位(企业、党政机关)内部的一个重要法规，任何人不得违反。有违反者，依法必究，严重者送交国家法律机关审处。

安全策略具有科学性、严肃性、非二义性和可操作性。

（1）建立安全策略的设计原则

拟定安全策略，实际上就是确定信息安全保障系统如何建、怎么建、建好后如何管、怎么管等事关大局的事情。因此在决策之前，需要理清头绪，抓住关键环节，这就是"设计原则"。

（2）信息系统安全管理的总原则

信息系统安全管理的总原则就是最高"原则"，这是几年来我国信息化建设总结出来的宝贵经验，主要包括有8个总原则和10个特殊原则。

8个总原则主要包括：

- 主要领导人负责原则。信息安全保护工作事关大局，影响组织和机构的全局，主要领导人必须把信息安全列为其最关心的问题之一，并负责提高、加强部门人员的认识，组织有效队伍，调动必要资源和经费，协调信息安全管理工作与各部门的工作，使之落实、有效。

- 规范定级原则。有关部门或组织根据其信息重要程度和敏感程度以及自身资源的客观条件，应按标准确定信息安全管理要求的相应等级，并在履行相应的审批手续后，切实遵守相应等级的规范要求，制定相应的安全策略，并认真实施。

- 依法行政原则。信息安全管理工作主要体现为行政行为，因此必须保证信息系统安全行政主体合法、行政行为合法、行政内容合法、行政程序合法。

- 以人为本原则。实践表明，威胁和保护在很大程度上受制于人为因素。加强信息安全教育、培训和管理，强化安全意识和法治观念，提升职业道德，掌握安全技术是做好信息安全管理工作的重要保证。
- 注重效费比原则。恰当地把握效费比是从全局上处置好信息安全管理工作的一个平衡点。
- 全面防范、突出重点原则。全面防范是信息系统的综合保障措施。它需要从人员、管理和技术等多方面，从预警、保护、检测、反应、恢复和跟踪等多个环节上采用多种技术实施。同时，又要从组织和机构的实际情况出发，突出自身的信息安全管理重点。不同的部门、不同的信息系统应有不同的信息安全管理重点。
- 系统、动态原则。信息系统安全管理的系统特征突出。要按照系统工程的要求，注意各方面、各层次、各时期的相互协调、匹配和衔接，以便能按照"水桶原理"体现信息保护安全管理的系统集成效果。同时，信息保护安全管理又是一种状态和过程，随着系统脆弱性及其强度的时空分布的变化、威胁程度的提高、系统环境的变化以及人员对系统安全认识的深化等，必须及时地将现有的安全策略、风险接受程度和保护措施进行复查、修改、调整以及提升安全管理等级。
- 特殊的安全管理原则。在制定和实施安全策略和技术措施时，必须遵循安全管理的10个特殊原则。

10个特殊原则主要包括：
- 分权制衡原则。安全管理采取分权制衡的原则，避免操作权力过度集中，否则一旦出现问题就将全线崩溃。
- 最小特权原则。对信息、信息系统的访问采用最小特权原则。任何实体（用户、管理员、进程、应用或系统）仅享有该主体需要完成其被指定任务所必须的特权，不应享有任何多余特权。
- 标准化原则。安全技术和设备的使用要经有关部门批准，并按有关等级标准使用。
- 用成熟的先进技术原则。成熟的技术能够提供可靠性、稳定性保证，采用新技术时要重视其成熟的程度。如果新技术势在必行，应该首先局部试点，然后逐步推广，减少或避免可能出现的损失。
- 失效保护原则。系统运行错误或故障时必须拒绝非授权访问，阻断非授权人员进入内部系统，直至必要时以牺牲使用为代价确保安全。
- 普遍参与原则。不论信息系统的安全等级如何，要求信息系统所涉及人员普遍参与，共同保障信息系统安全。
- 职责分离原则。职责分离是降低意外或故意滥用系统风险的一种方法。为减少未经授权的修改、滥用信息或服务的机会，对特定职责或责任领域的管理和执行功能实施分离。有条件的组织或机构，应执行专职专责。如果职责分离比较困难，应附加其他的控制措施，如行为监视、审计跟踪和管理监督。
- 审计独立原则。审计独立，才能保证公正。
- 控制社会影响原则。非涉密信息的完整性、可用性对社会具有相当重大的影响，同样应针对其风险程度予以保护。

- 保护资源和效率原则。

4.2.2 论文指导

例 4-1 论构建信息系统安全策略

在组织的信息化工作中,建立信息系统安全策略是其中必不可少的环节。信息系统安全策略是指为避免因使用计算机业务应用信息系统可能导致的单位资产损失而采取的各种措施、手段,以及建立的各种管理制度、法规等。

请围绕"论构建信息系统安全策略"为题,分别从以下三个方面进行论述:

1. 概要叙述你参与过的信息系统项目(项目背景、项目规模、发起单位、目的、项目内容、组织结构、项目周期、交付的产品、项目安全需求等)。

2. 围绕以下两个方面,结合项目实际论述构建信息系统安全策略的基本内容。
 (1)构建信息安全策略的核心内容。
 (2)构建信息安全策略的设计原则。

3. 请结合论文中所提到的信息系统项目,简要论述项目中涉及的几种具体的安全策略,并指出其中可以进一步改进之处。

要点分析

本题为 2012 年下半年信息系统项目管理师考试论文试题一。

1. 安全策略的概念与核心内容

信息安全策略是指人们为保护因为使用计算机业务应用信息系统可能招致来的对单位资产造成损失而进行保护的各种措施、手段,以及建立的各种管理制度、法规等。一个单位的安全策略绝不能照搬别人的。一定是在对本单位的计算机业务应用信息系统的安全风险(安全威胁)进行有效的识别、评估后,为如何避免单位的资产的损失,所采取的一切有效活动。

安全策略涉及技术和非技术的、硬件和非硬件的、法律的和非法律的各个方面。

安全策略的核心内容就是"七定":定方案、定岗、定位、定员、定目标、定制度、定工作流程。概括上述"七定",可以归纳为一句话,即"七定"的结果就是确定了该单位或组织的计算机业务应用信息系统的安全如何具体地实施和保证。

单位的安全策略由谁来定,谁来监督执行,有违反规定的人和事,谁来负责处理。由于计算机业务应用信息系统安全的事情涉及的是单位(企业、党政机关)能否正常运营的大事,所以必须由单位的最高行政执行长官、部门或组织授权完成安全策略的制定,并经过单位的全员讨论修订。从安全策略宣布实行之日起,安全策略就是单位(企业、党政机关)内部的一个重要法规,任何人不得违反。有违反者,依法必究,严重者送交国家法律机关审处。

安全策略具有科学性、严肃性、非二义性和可操作性。

2. 建立安全策略的设计原则

拟定安全策略,实际上就是确定信息安全保障系统如何建、怎么建、建好后如何管、怎么管等事关大局的事情。因此在决策之前,需要理清头绪,抓住关键环节,这就是"设计原则"。

3. 信息系统安全管理的总原则

信息系统安全管理的总原则就是最高"原则",这是几年来我国信息化建设总结出来的宝贵经验,主要包括有8个总原则和10个特殊原则。

8个总原则主要包括:

(1) 主要领导人负责原则。信息安全保护工作事关大局,影响组织和机构的全局,主要领导人必须把信息安全列为其最关心的问题之一,并负责提高、加强部门人员的认识,组织有效队伍,调动必要资源和经费,协调信息安全管理工作与各部门的工作,使之落实、有效。

(2) 规范定级原则。有关部门或组织根据其信息重要程度和敏感程度以及自身资源的客观条件,应按标准确定信息安全管理要求的相应等级,并在履行相应的审批手续后,切实遵守相应等级的规范要求,制定相应的安全策略,并认真实施。

(3) 依法行政原则。信息安全管理工作主要体现为行政行为,因此必须保证信息系统安全行政主体合法、行政行为合法、行政内容合法、行政程序合法。

(4) 以人为本原则。实践表明,威胁和保护在很大程度上受制于人为因素。加强信息安全教育、培训和管理,强化安全意识和法治观念,提升职业道德,掌握安全技术是做好信息安全管理工作的重要保证。

(5) 注重效费比原则。恰当地把握效费比是从全局上处置好信息安全管理工作的一个平衡点。

(6) 全面防范、突出重点原则。全面防范是信息系统的综合保障措施。它需要从人员、管理和技术等多方面,从预警、保护、检测、反应、恢复和跟踪等多个环节上采用多种技术实施。同时,又要从组织和机构的实际情况出发,突出自身的信息安全管理重点。不同的部门、不同的信息系统应有不同的信息安全管理重点。

(7) 系统、动态原则。信息系统安全管理的系统特征突出。要按照系统工程的要求,注意各方面、各层次、各时期的相互协调、匹配和衔接,以便能按照"水桶原理"体现信息保护安全管理的系统集成效果。同时,信息保护安全管理又是一种状态和过程,随着系统脆弱性及其强度的时空分布的变化、威胁程度的提高、系统环境的变化以及人员对系统安全认识的深化等,必须及时地将现有的安全策略、风险接受程度和保护措施进行复查、修改、调整以及提升安全管理等级。

(8) 特殊的安全管理原则。在制定和实施安全策略和技术措施时,必须遵循安全管理的10个特殊原则。

10个特殊原则主要包括:

(1) 分权制衡原则。安全管理采取分权制衡的原则,避免操作权力过度集中,否则一旦出现问题就将全线崩溃。

(2) 最小特权原则。对信息、信息系统的访问采用最小特权原则。任何实体(用户、管理员、进程、应用或系统)仅享有该主体需要完成其被指定任务所必须的特权,不应享有任何多余特权。

（3）标准化原则。安全技术和设备的使用要经有关部门批准，并按有关等级标准使用。

（4）用成熟的先进技术原则。成熟的技术能够提供可靠性、稳定性保证，采用新技术时要重视其成熟的程度。如果新技术势在必行，应该首先局部试点，然后逐步推广，减少或避免可能出现的损失。

（5）失效保护原则。系统运行错误或故障时必须拒绝非授权访问，阻断非授权人员进入内部系统，直至必要时以牺牲使用为代价确保安全。

（6）普遍参与原则。不论信息系统的安全等级如何，要求信息系统所涉及人员普遍参与，共同保障信息系统安全。

（7）职责分离原则。职责分离是降低意外或故意滥用系统风险的一种方法。为减少未经授权的修改、滥用信息或服务的机会，对特定职责或责任领域的管理和执行功能实施分离。有条件的组织或机构，应执行专职专责。如果职责分离比较困难，应附加其他的控制措施，如行为监视、审计跟踪和管理监督。

（8）审计独立原则。审计独立，才能保证公正。

（9）控制社会影响原则。非涉密信息的完整性、可用性对社会具有相当重大的影响，同样应针对其风险程度予以保护。

（10）保护资源和效率原则。

解答要点

按照题目的要求，从以下三个方面进行论述。

第一，概要叙述你参与过的信息系统项目（项目背景、项目规模、发起单位、目的、项目内容、组织结构、项目周期、交付的产品、项目安全需求等）。

选择近期主持或参与过的信息系统项目进行概要叙述。主要包括项目的背景、发起单位、目的、项目周期、交付的产品等，着重介绍项目整体管理的情况。

第二，结合项目实际论述构建信息系统安全策略的基本内容。

信息系统安全策略的核心内容就是"七定"：定方案、定岗、定位、定员、定目标、定制度、定工作流程。概括上述"七定"，可以归纳为一句话，即"七定"的结果就是确定了该单位或组织的计算机业务应用信息系统的安全如何具体地实施和保证。

信息系统安全管理的总原则就是最高"原则"，这是几年来我国信息化建设总结出来的宝贵经验，主要包括有8个总原则和10个特殊原则。

第三，请结合论文中所提到的信息系统项目，简要论述项目中涉及的几种具体的安全策略，并指出其中可以进一步改进之处。

系统安全方案与系统的安全策略是密不可分的。没有安全策略就没有安全方案。按照系统安全策略的"七定"要求，系统安全策略首先要解决"定方案"，其次就是"定岗"。有了"岗位"，就要有"责、权、利"以及相应的工作制度和工作流程。"定岗、定位、定员、定目标"都得到落实了，下面就要由"安全处"或"科技处"负责"定制度、定工作流程"。主要的安全策略包括：

(1) 机房设备安全管理策略。
(2) 主机和操作系统管理策略。
(3) 网络和数据库管理策略。
(4) 应用和输入输出管理策略。
(5) 应用开发管理策略。
(6) 应急事故管理策略。
(7) 密码和安全设备管理策略。
(8) 信息审计管理策略等。

4.3 要点总结

4.3.1 论文试题分布表

历年(2005—2013)信息系统项目管理师考试中，信息安全知识模块考查较少，该部分论文试题分布情况如表 4.2 所示。

表 4.2 信息安全知识模块的论文试题分布表

考试时间	考试题目	考核知识点
2012 年下半年	试题一：论构建信息系统安全策略	企业信息安全策略

4.3.2 考查重点与分级

针对信息系统项目管理师考试大纲对信息安全模块的考试要求看，主要包括如下三个方面：信息安全体系、信息安全体系的安全风险评估和企业信息安全策略。

按照实际考试中出现的频率和重要程度，将该部分的考核知识点进行分级。

第一级：企业信息安全策略为考查的一级重点部分。

第二级：信息安全体系的安全风险评估为考查的二级重点部分。

第三级：信息安全体系为三级重点部分。

尽管信息安全体系的安全风险评估和信息安全体系尚未出现过考题，但是要引起考生的足够重视。作为信息系统项目管理师要有全面管理的能力，对上面各考核知识点都要熟练掌握，乃至精通，不可疏忽大意，或存侥幸心理。

第 5 章　大型、复杂信息系统项目和多项目的管理论文写作指导

5.1　概述

大型、复杂信息系统项目和多项目的管理是信息系统项目管理师考试论文考试中难度较大和最核心的知识模块。近几年在这个部分上连续出现考试题目。该部分的论文考试选题均涉及信息系统项目管理高级知识内容，主要包括大型、复杂项目和多项目管理的特征和分解、大型、复杂项目和多项目的计划过程、跟踪和控制管理、范围管理、资源管理和协作管理等。对该部分的掌握与理解程度基本表明了考生的资格水平。如表 5.1 所示为大型、复杂信息系统项目和多项目的管理知识模块所包含的知识点。

表 5.1　大型、复杂信息系统项目和多项目的管理知识模块所包含的知识点

知 识 模 块	知 识 点
大型、复杂信息系统项目和多项目的管理	（1）计划管理 （2）跟踪和控制管理 （3）范围管理 （4）资源管理 （5）协作管理

如图 5.1 所示为大型、复杂信息系统项目和多项目的管理知识模块涉及的论文试题在历年考试中的分布情况。

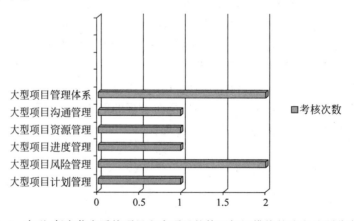

图 5.1　大型、复杂信息系统项目和多项目的管理知识模块的论文选题分布图

5.2 大型、复杂信息系统项目和多项目的管理

5.2.1 理论基础

1. 大型、复杂信息系统项目概述

大型、复杂信息系统项目也是项目,它们与一般的项目的区别在于项目周期、项目组织、管理模式和协作沟通上的差异。大型、复杂信息系统项目,一般有如下几个特征:

(1)项目周期较长。这类型项目往往从所交付产品的早期,如概念阶段就开始了。如何在一个相对较长的周期内保持项目运作的完整性和一致性就成了关键性的问题。

(2)项目规模较大,目标构成复杂。在这种情况下都会把项目分解成一个个目标相互关联的小项目,形成项目群进行管理。这种意义上的项目经理往往称为项目群经理或是大项目经理。

(3)项目团队构成复杂。不仅包括项目内部所形成的项目管理体系,也包括合作方。这种复杂的团队构成会使团队之间的协作、沟通和冲突解决所需要的成本大幅度上升,所以如何降低协作成本就成了提高整个项目效率的关键。

(4)大型项目经理的日常职责更集中于管理职责。在大型、复杂信息系统项目的状况下,需要更明确而专一的分工机制,管理所体现的效率因素更直接地影响项目的目标实现。同时,由于大型项目大多数是以项目群的方式进行,所以大型项目经理面临的挑战更多的是"间接管理"。

大型、复杂信息系统项目管理和多项目的管理都属于组织级的项目管理,它们具有以下两个特征:

(1)分级管理与分工管理。项目经理很难直接管理到项目团队的每一个成员和项目的每一项目标,一般需要建设一个管理团队,实行分级管理和分工管理,项目经理一般采用间接管理的方式。

(2)强化协调机制。复杂的团队构成会使团队之间的协作、沟通所需要的成本大幅度上升,如何建立有效的协调机制就成了整个项目的关键。

大型、复杂信息系统项目管理的分解一般有如下三种方式:按照子项目分解、按照管理职能分解和矩阵式分解(即结合上面两种方式进行分解)。多项目管理确保组织在项目选择、计划、实施,以及在处理项目之间的冲突时,以组织战略目标为导向,从而保证整个组织在大方向上的一致性。

对于大型、复杂信息系统项目来说必须建立以过程为基础的管理体系,因为此时协作的效率要远远高于个体的效率。建立统一的项目过程会大大提高项目之间的协作效率,有力地保证了项目质量。但是如果希望过程制度起到期望的作用,还必须在项目团队内部建立一个体系,即制定过程、执行过程和监督过程。

(1)制定过程。建立项目组织所需要的各个过程文件,支撑过程实施的操作指南、文档

模板和检查表。

(2) 执行过程。按照预定义的过程实施项目。

(3) 监督过程。由独立的组织检查项目组织实施预定义过程的符合度。

当确定了项目过程后,就需要制定项目计划。在制定项目计划时,大型、复杂信息系统项目所用的工具和一般项目管理差不多,可以从范围、质量、进度和成本四个方面对项目目标进行定义。一般来说,项目范围可以按照项目组织结构、产品结构、生命周期三个层次制定分解结构。制定项目的进度计划,对于大型、复杂信息系统项目来说,里程碑的设置至关重要。关键路径对确定项目的最短历时,以及项目进度进行有效控制。成本方面,将项目活动所需要的资源进行分配。质量方面,制定项目的产品标准和过程标准等。

项目计划作为项目执行和控制的基准,将实施的状态和结果与计划的基准进行比较,如果出现偏差及时进行纠正和变更,这就是项目监督和控制的基本意义。项目实施和控制过程最关键的环节是获取项目的实施绩效,和项目的基准计划进行比较。由于大型项目大都依托项目群的组织,项目的绩效也是通过组织结构层层传递,这就可能导致信息的传递失真。一般来说,IT项目的进度和成本实际绩效信息比较明确,不宜失真。但是在范围和质量上存在很大的出现信息失真的可能。

对项目的真实绩效和基准计划进行跟踪和比较,如果出现偏差,则有两种措施。第一,改进实施;第二,项目变更。两者的目的都是纠正偏差。还有一种可能导致项目变更的情况是项目目标产生了变化。构成项目目标的四个因素(范围、质量、时间和成本)都可能出现变化,但是最常见的是范围变更,就是我们经常所说的需求变更。由于这个因素来自外部,它和来自内部的偏差共同构成了可能导致项目变更的两个因素。

概括来说,项目的控制过程有三个重要的因素,它们是项目绩效跟踪、外部变更请求和变更控制。

2. 多项目的管理概述

多项目管理是指针对组织中进行的多个项目进行全生命周期的管理。多项目管理是伴随着项目管理方法在企业或政府部门等组织中的广泛运用而形成的一种以长期性组织为对象的管理模式。也就是指在企业中管理、协调多个项目的选择、评估、计划、控制、执行,以及收尾等各项工作,使所有项目的综合执行效果达到最优的项目管理方法。多项目管理是通过对项目群、项目组合,以及项目的成功管理来实现的。

项目群就是对现有的和将开展的一些类似项目进行集群,最终创造出集群个体项目综合的价值。项目群管理提供了一个完整的框架和系统的方法,解决了不同项目目标之间的差异所导致的资源浪费和管理成本增加等,为实现公司的战略目的提供了保障。

项目组合管理是从企业整体出发,动态选择不具有类似性的项目,对企业所拥有的或可获得的生产要素和资源进行优化组合,有效、最优地分配企业资源,以分散风险,达到效益最大化,这些项目组合起来可为企业战略服务,从而提高企业的核心竞争能力。

多项目管理是站在企业层面对现行组织中所有的项目进行筛选、评估、计划、执行与控制的项目管理方式。与单项目管理不同的是,单项目管理是在假定项目资源得到保障的前提下进行的项目管理,思考角度采取"由因索果"的综合法方式。多项目管理则是在假定存在多个项目的前提下,如何协调和分配现有项目资源、获取最佳项目实施组合的管理过程,其思考角度一般采取"由果索因"的分析方式。

总体来说,多项目管理与一般项目管理虽然都属于项目管理的大范畴,但是还有很多区别,主要表现在如下四个方面:

(1) 战略性。组织范围内的项目管理是企业战略的体现,多项目管理必须站在决策层面对组织中所有项目进行评估、计划、执行与控制。一般项目管理则是站在执行层面进行项目管理。

(2) 动态性。多项目管理能根据随企业内部环境变化而变化的战略目标、需求和特征变化等,及时对项目进行调整,处理项目间资源、效益等的互相影响,这是一般项目管理所不能解决的。

(3) 最佳资源利用率。一般项目管理假定项目资源得到保障,以固定资源实现既定目标。多项目管理则是假定存在多个项目,通过协调和分配现有项目资源,获得最佳项目实施组合,通过对固定资源的最佳配置获取最大利益。

(4) 组织的整合性。在一般项目管理中,各项目实施过程中人员相互沟通少,沟通效率和有效性较低。而在多项目管理中,项目组中各项目小组成员在统一的合作体中工作,技术、知识、信息共享程度较高,易形成和强化统一的合作观念,沟通效率和有效性较高。

成功的多项目管理要注意做好:优先级管理、范围变更管理、资源分配的合理化、合理安排项目启动时间、利益相关者的综合分析、组织结构的安排和项目管理信息系统的建立。

5.2.2 论文指导

例 5-1 论大型项目的计划与监控

一般把具有周期长,或规模大,或具有战略意义,或涉及面广等特征的项目称为大型项目。管理时往往会把大型项目分解为一个个目标相互关联的中、小项目来统一管理。

请围绕"大型项目的计划与监控"论题,分别从以下三个方面进行论述:

1. 简要叙述你参与管理过的大型信息系统项目(项目的背景、发起单位、目的、项目周期、交付的产品等)。

2. 针对下列主题结合项目管理实际情况论述你是如何进行大型信息系统项目管理的。
(1) 大型信息系统项目的组织。
(2) 制订大型信息系统项目进度计划的方法。
(3) 同时管理多个同类项目。
(4) 大型信息系统项目的风险管理。
(5) 大型信息系统项目的监控。

3. 简要介绍你管理大型项目时遇到的最棘手问题及其解决办法。

要点分析

本题为2007年下半年信息系统项目管理师考试论文试题一。

针对相关主题结合项目管理实际情况论述你是如何进行大型信息系统项目管理的。要点主要包括：

（1）大型项目有自己的PMO。大型项目有管理团队、实施团队（或称技术团队），从单位各有关部门抽调。

（2）单位高层用的是里程碑计划、大型项目管理层用的是阶段计划、各子系统项目团队使用的是详细进度计划。

（3）同类多项目的管理也有自己的PMO。同类多项目管理时有统一的管理团队和设计团队，每个项目有自己的实施团队。同类多项目对单位的资源有冲突性的要求。

（4）风险管理。技术风险、资源冲突、进度冲突和延误。

（5）把大型项目分解为多个子项目，每个子项目的监控由其子项目经理负责。负责大型项目管理的项目管理师从整体上监控各子项目的状况，尤其是关键子项目进展状况，把握大型项目的整体进展，解决子项目之间的资源等冲突，利用运筹学原理解决子项目之间的进度冲突。

对大型信息系统项目中常见的最棘手问题进行总结、分析并给出解决措施时，考生应根据自身管理大型项目的实践经验，在论述时应注意问题归纳、原因分析和对应措施之间的逻辑结构以及理论体系与自身实践经验的相互结合。

例如，把大型项目分解成一个个目标相互关联的中、小项目来统一管理时，常见的问题如下（不局限于下列问题，考生可以根据自己的实际经验展开）：

（1）多个项目同时开展，项目之间的进度、资源等如何协调和管理？

（2）多个项目可能类属于不同的职能组织，项目间遵循标准、流程不一样，如何度量和管理？

（3）多个项目跨越不同部门、不同业务，项目成员多，团队间的信息交流和沟通如何进行？

（4）项目持续时间长，难度较大，项目的风险如何识别和控制？

（5）负责大型项目管理的项目管理师不直接管理一线的工程师，直接管理的是各子项目的项目经理，实行的是间接管理，如何体现领导力？

（6）如何管理大型项目的干系人的期望？

（7）如何确保大型项目的目标支持组合战略？

（8）如何在大型项目里对项目进行优先排序，并分配资源？

（9）如何管理大型项目中的所有项目的范围？

（10）如何管理项目的冲突以实现组织目标？

解答要点

按照题目的要求，从以下三个方面进行论述。

第一,简要叙述你参与管理过的大型信息系统项目(项目的背景、发起单位、目的、项目周期、交付的产品等)。

选择近期主持或参与过的信息系统项目进行概要叙述。主要包括项目的背景、发起单位、目的、项目周期、交付的产品等。简要叙述该项目的计划与监控方法。介绍自己在该项目中所担任的角色及在项目计划管理与项目监控方面承担的职责。

第二,针对相关主题结合项目管理实际情况论述你是如何进行大型信息系统项目管理的。

考生应根据自身管理大型项目的实践经验,对大型信息系统项目中常见的最棘手问题进行总结、分析并给出解决措施。在论述时应注意问题归纳、原因分析和对应措施之间的逻辑结构以及理论体系与自身实践经验的相互结合。

第三,简要介绍你管理大型项目时遇到的最棘手问题及其解决办法。

考生应根据自身管理大型项目的实践经验,对大型信息系统项目中常见的最棘手问题进行总结、分析并给出解决措施。在论述时应注意问题归纳、原因分析和对应措施之间的逻辑结构以及理论体系与自身实践经验的相互结合。

例5-2 论企业级信息系统项目管理体系的建立

对于一个信息系统集成企业来说,仅停留在单个项目进行管理的水平上是不够的,因为一个项目管得好不等于全部项目都管得好。企业级的项目管理体系能够极大地提升企业的核心竞争力,对于企业的不断成熟发展极为重要。

请围绕"企业级信息系统项目管理体系的建立"论题,分别从以下几个方面进行论述:

1. 简要叙述你所在单位信息系统项目管理的现状(包括企业级项目管理的组织、项目管理的流程和项目管理的工具)。

2. 就你所在单位在建立企业级项目管理体系方面的实际情况,分析在各方面还存在的问题,并给出你的解决和改进方案。

要点分析

本题为2008年上半年信息系统项目管理师考试论文试题一。

完整的企业级项目管理体系,除根据需要设立企业级、部门级、项目级PMO外,还应该设立如下内容。考生应结合企业项目管理实际,给出企业级项目管理的解决和改进方案。

(1) 建立项目立项流程、招投标流程、项目管理流程和技术研发流程。

(2) 部署使用项目管理软件等项目管理工具。

(3) 开发并不断完善文档模板和表格模板。

(4) 设立案例库。

(5) 重视项目管理知识的管理。制定并实行周例会制度,加强经验教训的交流,对项目管理中出现的优秀员工进行通报表扬与奖励,对项目管理过程中出现的消极现象进行批评或通报批评与惩罚,设立年度优秀项目经理奖、年度优秀工程奖、年度优秀解决方案奖、年度优秀客户关系奖等。

(6) 项目交付物的电子化。把项目全生命期的所有记录和成果的电子版放在企业的内部网站上,以利于项目管理的经验传播与传承。

解答要点

按照题目的要求,从以下三个方面进行论述。

第一,简要叙述你所在单位信息系统项目管理的现状(包括企业级项目管理的组织、项目管理流程和项目管理的工具)。

选择近期主持或参与过的信息系统项目进行概要叙述。主要包括企业级项目管理的组织、项目管理流程和项目管理的工具、项目管理存在的问题等。

第二,就你所在单位在建立企业级项目管理体系方面的实际情况,分析在各方面还存在的问题,并给出你的解决和改进方案。

考生应结合企业项目管理实际,给出企业级项目管理的解决和改进方案。

例 5-3 论大型信息系统项目的风险管理

项目风险管理应贯穿项目的整个过程,成功的风险管理会大大增加项目成功的概率。对信息系统项目进行有效的风险管理,使用合理的方法、工具,针对不同风险采取相应的防范、化解措施,及时有效地对风险进行跟踪与控制,是减少项目风险损失的重要手段。大型项目具有规模大、周期长、复杂度高等特点,一旦出现问题,造成的损失更是难以预料,所以针对大型项目进行有效的风险管理尤为重要。

请围绕"大型信息系统项目的风险管理"论题,分别从以下三个方面进行论述:

1. 结合你参与管理过的大型信息系统项目,概要叙述项目管理的背景(发起单位、目的、项目周期、交付产品等)以及你在其中承担的工作。
2. 简要描述你承担的大型信息系统项目中可能存在的风险因素以及采取的应对措施。
3. 结合你所在组织的情况,论述组织应如何实施大型信息系统项目的风险管理。

要点分析

本题为 2009 年上半年信息系统项目管理师考试论文试题二。

大型信息系统项目中可能存在的风险因素以及采取的应对措施如表 5.2 所示。

表 5.2 典型风险及应对措施

序号	项目风险	原因	应对措施
1	目标、范围不明确	合同、工作任务书中没有明确规定	事前:采用标准合同、工作任务书模板。 事中(即事前发生时):签订补充协议、说明、备忘录
2	技术风险	选用了未经验证的新技术	使用原型、强化技术评审、测试、备份等手段降低该风险
3	人员流失风险	工作调动、缺乏激励措施、个人原因、项目持续时间长、压力大	事前:加强团队建设和团队管理,健全项目组成员的激励措施。 事中:发生人员变动前及早安排其他人员接替工作,离开时办理工作交接

续表

序号	项目风险	原因	应对措施
4	计划不周	没有科学地制定计划	制定计划时,其依据应建立在科学的基础上,制定计划时尽量考虑全面,留有余地
5	计划执行不力	多方面原因	事前: (1) 计划落实责任到人; (2) 得到客户高层的支持和推动; (3) 遇到问题及时沟通,在问题进一步恶化前得到解决。 事中:及时调整下一步工作计划,并将计划调整原因形成备忘录,提交客户确认。如涉及工作量的增加,考虑是否追加实施费用
6	组织协调的风险	沟通不畅	事前:制定沟通计划。 事中:坚持例会、碰头会制定,及时巡查、及时发现问题、及时解决问题
7	客户没有如期付款	合同和工作任务书定义的付款条件模糊、客户信用问题、项目实施存在问题、催款力度不够	事前:对客户信用的事先调查、规范合同,明确付款条件。 事中:加强催款力度,和销售人员协同,必要时可以向公司高层报告,让双方高层协调
8	需求、实施范围的变更	客户经营战略、业务、组织机构、关键负责人等发生变化;需求调研不彻底;没有建立变更制度	事前:实施范围在工作任务书中明确定义、确认需求调研结果。 事中:需求、实施范围的调整必须执行项目变动控制程度、考虑是否追加实施费用、签订补充协议
9	成本超支	项目经理成本管理存在问题、对客户要求不加控制,造成人员投入的浪费。 客户恶意欠款,素质较低,计划延期,人员、需求、方案的频繁变动	事前:合同对成本的约定明确。 事中:工作确认,即完成工作就让客户进行确认,避免客户事后不认账。控制客户需求、减少对实施人员的过分依赖。在预算范围内控制支出。 事后:协商追加实施费用或分担部分费用
10	客户不满意	实施人员经验、服务水平不高、问题解决不及时、方案设计不完善	事前:实行顾问认证上岗制度,提高咨询顾问的素质和工作能力;对项目实施质量管理,由高级顾问对方案进行审核。 事中:及时更换咨询顾问、由高级顾问对方案进行优化调整
11	市场风险	项目失败(对客户:时间延期、投入浪费、没有达到预期效果)	事前:提供合适的、稳定的产品。按实施方法论规范实施,合同、工作任务书的目标、范围、客户方的责任等定义明确。 事后:宣传成功案例,抵消项目失败的负面影响;总结教训

在论述组织应如何实施大型信息系统项目的风险管理时,考生可以结合单位的实际情况,分别介绍:

(1) 项目风险管理的主要内容,以及风险管理计划的编制。
(2) 对项目风险进行识别与分析。
(3) 项目风险的应对计划、风险规避和转移的措施。
(4) 项目风险的监控。

解答要点

按照题目的要求,从以下三个方面进行论述。

第一,结合你参与管理过的大型信息系统项目,概要叙述项目管理的背景(发起单位、目的、项目周期、交付产品等)以及你在其中承担的工作。

选择近期主持或参与过的信息系统项目进行概要叙述。主要包括项目的背景、目的、项目周期、交付产品、项目的风险管理特点等,还要介绍自己担任的工作。

第二,简要描述你承担的大型信息系统项目中可能存在的风险因素以及采取的应对措施。

考生应在论述中反映自己的大型项目实施风险管理经验,例如,能分解大项目风险(方法之一是将大项目分解成为若干个相对独立而项目目标又相互关联的子项目,而后分而治之),能清楚区分风险因素对项目风险的影响,陈述问题得当、符合常理等。

第三,结合你所在组织的情况,论述组织应如何实施大型信息系统项目的风险管理。

考生在结合实际论述时,必须有实际的风险管理计划或类似的计划文件。根据考生的实际项目,至少应有编制风险管理计划、风险识别与分析、制定风险应对计划和风险监控四个过程。

例 5-4 论大型项目的进度管理

一般把周期长、规模大,或具有战略意义、涉及面广的项目称为大型项目,大型项目除了周期长、规模大、目标构成复杂等特征外,还具有项目团队构成复杂的特点。在进行管理时,往往会把大型项目分解成一个个目标相互关联的中、小项目来统一管理,大型项目的管理方法与普通项目的管理方法并没有本质的变化,但在实际的项目过程中仍然有许多需要注意的地方。

请围绕"大型项目的进度管理"论题,分别从以下三个方面进行论述:

1. 概要叙述你参与管理过的大型信息系统项目(项目的背景、项目规模、发起单位、目的、项目内容、组织结构、项目周期、交付的产品等)。

2. 结合项目管理实际情况论述你对大型项目进度管理的认识。可围绕但不局限于以下要点叙述:

(1) 大型信息系统项目的特点。
(2) 大型信息系统项目的组织结构。
(3) 根据大项目的特点,在制定进度计划时应该考虑的内容和应遵循的步骤。

(4) 大型信息系统项目的进度控制要点。
(5) 实施进度管理的工具和方法。
3. 请结合论文中所提到的大型项目,介绍你是如何对其进度进行管理的(可叙述具体做法),并总结你的心得体会。

要点分析

本题为2010年下半年信息系统项目管理师考试论文试题一。

针对要求的几个方面展开论述,不要求全面论述,论述内容要正确,涉及的项目部分应该真实、得当。

1. 大型项目特点

除了周期长、规模大、目标构成复杂等特征外,还具有项目团队构成复杂的特点。

2. 大型项目的组织结构

(1) 大型项目参与单位和人员众多,团队构成复杂。

(2) 大型项目可设置大项目经理和子项目经理,要明确大项目经理和子项目经理各自的职责。

3. 考虑的内容和遵循的步骤

(1) 应考虑的内容。周期长,因此涉及进度的调控;规模大,因此涉及风险大,要考虑风险管理;团队构成复杂,因此项目团队成员,特别是项目经理的流动是重点问题。

(2) 遵循的步骤。大项目分解、确定项目组织结构及职责、建立统一的项目过程、资源获取及调配、沟通和变更控制等。

4. 大型信息系统项目的进度控制要点

包括合理的分解(正确和颗粒度)、资源的协调和平衡、绩效考核和变更控制。

5. 实施进度管理的工具和方法

(1) 项目分解。工作分解结构的创建方法。

(2) 确定组织结构及职责。组织结构分析方法、职责分配矩阵。

(3) 建立统一项目过程。项目生命周期模型、项目管理过程模型。

(4) 资源获取及调配。活动网络图、资源池法、资源平衡法、项目管理软件等。

(5) 沟通和变更控制。干系人分析法、沟通需求分析方法。

结合大项目管理的实际,应提到使用某一种或几种工具或方法,并阐述清楚,项目的方法使用应该恰当。一般根据考生对参与的大型项目的进度管理的叙述,就可确定他有无大型信息系统项目管理的经验,整篇论文中如有建设性的总结或独到的看法应该能够多得分。

解答要点

按照题目的要求,从以下三个方面进行论述。

第一,简要叙述你单位信息系统项目管理的现状(包括企业级项目管理的组织、项目管理流程和项目管理的工具)。

选择近期主持或参与过的信息系统项目进行概要叙述。主要包括企业级项目管理的组织、项目管理流程和项目管理的工具、项目管理存在的问题等。

第二,结合项目管理实际情况论述你对大型项目进度管理的认识。

包括大型信息系统项目的特点、大型信息系统项目的组织结构、在制定进度计划时应该考虑的内容和应遵循的步骤等内容。重点叙述大型信息系统项目的进度控制要点、实施进度管理的工具和方法。

第三,请结合论文中所提到的大型项目,介绍你是如何对其进度进行管理的(可叙述具体做法),并总结你的心得体会。

考生在结合实际进行论述时,必须对实际参与管理的项目的进度管理言之有物。

例 5-5 论多项目的资源管理

在很多企业中,同时实施的项目越来越多,项目经理们经常同时负责多个项目。项目越多,管理就越复杂,因此企业越来越多地遇到多项目管理的问题。多项目的范围既可以是相关联的多个项目,也可以是相互没有关联的多个项目。多项目管理区别于单个项目管理,并已成为一种新的管理模式,它要对所有涉及的项目进行评估、计划、组织、执行与控制。如何协调和分配现有项目资源,以获取最大的收益则成为多项目管理的核心内容。

请围绕"多项目的资源管理"论题,分别从以下三个方面进行论述:

1. 简要叙述你同时管理的多个信息系统工程项目,或你所在的组织中同时开展的多个项目的基本情况,包括多项目之间的关系、项目的背景、目的、周期、交付产品等相关信息,以及你在其中担任的主要工作。

2. 结合你所参与的多项目管理实践,从多项目的资源管理原则、方法、内容及要点等方面论述如何进行多项目的资源管理。

3. 结合你参与过的项目中遇到的资源管理的问题,阐述如何从企业层面提供多项目资源管理的保障和支持。

要点分析

本题为 2010 年下半年信息系统项目管理师考试论文试题二。

多项目的资源管理的原则、方法、内容及要点:要求能够按以下一个或几个要点进行论述,论述内容应该正确,涉及项目的部分应该真实、得当,否则会扣掉一定分数。

1. 多项目管理中涉及的资源

包括人力资源、项目资金、工具、设备及其他资源,对于信息系统工程项目来说,人力资源尤为重要,常常发生人力资源不足的现象。因此,如何解决多项目管理中人力及其他资源的冲突问题成为多项目管理的关键。

2. 多项目资源管理的原则、方法和要点

(1) 列举项目。

(2) 孤立分析,确保每一组资源都是孤立的(因为多项目之间的活动如果存在依赖关系,那么其中一个项目的资源调整就会影响其他项目)。

(3) 资源识别和优先级分析。列举项目中使用的资源,并对项目进行优先级排序,可采用合理的排序方法,将关键资源分配到优先级较高的项目。

(4)对于多项目资源管理可建立综合的资源计划,避免资源产生冲突。建立资源库,对资源进行分类存储,对于所有资源使用情况统一记录和分配,根据资源需求情况和资源的特点进行分配。通过与现有资源的对比,在制定计划时就可根据项目的特点、工期和优先级进行分配。

(5)资源管理可使用成本管理的思想,即使是人力资源也要计算成本,进行项目核算,避免资源浪费和过多占用。采取资源平衡方法解决资源冲突问题,此时涉及一些具体的原则。

(6)资源的部署和监控。从组织层面建立资源管理的原则、分配规范、出现资源冲突情况的处理流程以及相关的沟通机制。

(7)可采用一定的方法和工具进行资源管理,如使用运筹排序的方法,利用多个项目的自由浮动时间,避开资源使用高峰,或使用项目管理系统对多个项目协调管理。

(8)对于软件企业来说,还可考虑如何提高软件过程化水平,如建立软件构件库等。

一般来说,根据考生对所参与项目中遇到的问题的叙述与评价,就可以确定他有无多项目管理的经验,尤其是遇到的问题是否与资源管理有关,陈述问题是否得当、真实,这些都会影响到最终论文的分数。另外,对于如何从企业层面提供多项目资源管理的保障和支持,提出的措施应该合理、可用(如建立项目管理办公室,对公司的人力资源等进行统一管理,建立资源管理的制度规范,建立项目优先级评判的原则等)、措施得当,这样写出的论文才是一篇好的论文。

解答要点

按照题目的要求,从以下三个方面进行论述。

第一,简要叙述你所在单位信息系统项目管理的现状(包括企业级项目管理的组织、项目管理流程和项目管理的工具)。

选择近期主持或参与过的信息系统项目进行概要叙述。主要包括企业级项目管理的组织、项目管理流程和项目管理的工具、项目管理存在的问题等。

第二,结合你所参与的多项目管理实践,从多项目的资源管理原则、方法、内容及要点等方面论述如何进行多项目的资源管理。

多项目的资源管理原则、方法、内容及要点等方面在进行多项目的资源管理时,显得尤为重要。大型项目计划管理是对多项目进行管理的有效工具。通常是管理一组有共同目标或共同客户的项目,通过项目之间存在的依赖关系联系在一起,如共同的目标、共同的客户、共同的资源或者为共同的资源服务等。不论这些项目之间的关系如何,通过大型项目计划管理的方法,可以使项目的时间更加合理,资源更加优化,风险显著降低,从而达到为企业获取更多利益的目的。

第三,结合你参与过的项目中遇到的资源管理的问题,阐述如何从企业层面提供多项目资源管理的保障和支持。

多项目管理中得到高层的支持很重要。高层要为项目经理提供越来越多的培训,提升项目经理的能力,并下放权力,自己不再兼任项目经理。结合实际参与管理的项目中遇到的资源管理问题,谈谈从企业层面如何提供多项目资源管理的保障和支持。

例 5-6 论大型复杂信息系统项目管理

目前,伴随着工业化和信息化的深度融合,国内的信息系统项目正在逐渐向大型化、复杂化的方向发展。大型复杂项目具有很多与一般项目不同的特征,在诸如计划、实施、控制等方面的管理要求很高,有关组织必须建立以过程为基础的大型复杂项目管理体系,以保证大型复杂项目的顺利实施。

请以"论大型复杂信息系统项目管理"为题,分别从以下三个方面进行论述:

1. 简要叙述你参与管理过的大型、复杂信息系统项目,包括项目的背景、发起单位、目标、项目内容、项目领域和交付的产品等。

2. 结合项目管理的实际情况,就大型、复杂信息系统项目的管理从以下三个方面展开论述。

(1) 大型复杂信息系统项目的特征。

(2) 大型复杂信息系统项目的计划过程。

(3) 大型复杂信息系统项目的实施和控制过程。

3. 请结合你所参加的大型复杂信息系统项目管理实践经验,介绍你在大型、复杂信息系统项目实施过程中的实际管理过程以及采用的方法与工具。

要点分析

本题为 2012 年下半年信息系统项目管理师考试论文试题二。

大型、复杂信息系统项目也是项目,它们与一般的项目的区别在于项目周期、项目组织、管理模式和协作沟通上的差异。大型、复杂信息系统项目,一般有如下几个特征:

(1) 项目周期较长。这类型项目往往从所交付产品的早期,如概念阶段就开始了。如何在一个相对较长的周期内保持项目运作的完整性和一致性就成了关键性的问题。

(2) 项目规模较大,目标构成复杂。在这种情况下都会把项目分解成一个个目标相互关联的小项目,形成项目群进行管理。这种意义上的项目经理往往称为项目群经理或是大项目经理。

(3) 项目团队构成复杂。不仅包括项目内部所形成的项目管理体系,也包括合作方。这种复杂的团队构成会使团队之间的协作、沟通和冲突解决所需要的成本大幅度上升,所以如何降低协作成本就成了提高整个项目效率的关键。

(4) 大型项目经理的日常职责更集中于管理职责。在大型、复杂信息系统项目的状况下,需要更明确而专一的分工机制,管理所体现的效率因素更直接地影响项目的目标实现。同时,由于大型项目大多数是以项目群的方式进行,所以大型项目经理面临的挑战更多的是"间接管理"。

大型、复杂信息系统项目管理和多项目的管理都属于组织级的项目管理,它们具有以下两个特征:

(1) 分级管理与分工管理。项目经理很难直接管理到项目团队的每一个成员和项目的每一项目标，一般需要建设一个管理团队，实行分级管理和分工管理，项目经理一般采用间接管理的方式。

(2) 强化协调机制。复杂的团队构成会使团队之间的协作、沟通所需要的成本大幅度上升，如何建立有效的协调机制就成了整个项目的关键。

对于大型、复杂信息系统项目来说必须建立以过程为基础的管理体系，因为此时协作的效率要远远高于个体的效率，过程正体现在这一点儿上。过程作为一个项目团队内部共同认可的制度而存在，它主要起到约束各个相关方以一致的方式来实施项目。建立统一的项目过程会大大提高项目之间的协作效率，有力地保证了项目质量。但是如果希望过程制度起到期望的作用，还必须在项目团队内部建立一个体系，即制定过程、执行过程和监督过程。

(1) 制定过程。建立项目组织所需要的各个过程文件，支撑过程实施的操作指南、文档模板和检查表。

(2) 执行过程。按照预定义的过程实施项目。

(3) 监督过程。由独立的组织检查项目组织实施预定义过程的符合度。

当确定了项目过程后，就需要制定项目计划。在制定项目计划时，大型、复杂信息系统项目所用的工具和一般项目管理差不多，可以从范围、质量、进度和成本等四个方面对项目目标进行定义。

项目监督和控制的基本意义在于项目计划作为项目执行和控制的基准，将实施的状态和结果与计划的基准进行比较，如果出现偏差及时进行纠正和变更。项目实施和控制过程最关键的环节是获取项目的实施绩效，和项目的基准计划进行比较。由于项目目标是范围、质量、进度和成本等几方面的集合，无论是基准计划还是实施绩效，都要从这几个方面来反映项目的特征。另外，由于大型项目大都依托项目群的组织，项目的绩效也是通过组织结构层层传递，这就可能导致信息的传递失真。对于大型、复杂信息系统项目，协作的作用非常突出，所以在控制过程中特别增加了协作管理的内容。

解答要点

按照题目的要求，从以下三个方面进行论述。

第一，简要叙述你参与管理过的大型、复杂信息系统项目，包括项目的背景、发起单位、目标、项目内容、项目领域和交付的产品等。

选择近期主持或参与过的信息系统项目进行概要叙述。主要包括项目的背景、发起单位、目标、项目内容、项目领域和交付的产品等。

第二，结合项目管理的实际情况，就大型、复杂信息系统项目的管理从特征、计划过程以及实施和控制过程等方面展开论述。

多项目管理是指针对组织中进行的多个项目进行全生命周期的管理。多项目管理是伴随着项目管理方法在企业或政府部门等组织中的广泛运用而形成的一种以长期性组织为对象的管理模式。也就是指在企业中管理、协调多个项目的选择、评估、计划、控制、执行，以及收尾等各项工作，使所有项目的综合执行效果达到最优的项目管理方法。就大型、复杂信息系统项目的管理从特征、计划过程以及实施和控制过程等方面展开论述。

第三，请结合你所参加的大型复杂信息系统项目管理实践经验，介绍你在大型、复杂信息系统项目实施过程中的实际管理过程以及采用的方法与工具。

多项目管理是通过对项目群、项目组合，以及项目的成功管理来实现的。主要结合实际参与管理的项目，介绍实际的管理过程以及采用的方法与工具。

例 5-7 论大型信息系统项目的沟通管理

一般把周期长、规模大，或具有战略意义，涉及面广的项目称为大型项目，大型项目目标构成复杂，项目干系人众多，团队构成复杂。在管理大型项目的过程中，往往会把大型项目分解为一个个目标相互关联的中、小项目来统一管理。大型项目的沟通管理有其特殊之处。在实际的管理过程中有许多需要注意的地方。

请以"大型信息系统项目的沟通管理"为题，分别从以下三个方面进行论述：

1. 概要叙述你参与管理过的大型信息系统项目（项目的背景、项目规模、发起单位、目的、项目内容、组织结构、交付的产品等）以及你在其中承担的工作。

2. 结合项目管理的实际情况围绕以下要点论述你对大型项目沟通管理的认识。

（1）大型信息系统项目的特点。

（2）大型信息系统项目的组织结构和项目干系人分析。

（3）根据大型项目的特点，在制定沟通计划时应该考虑的内容和应遵循的步骤。

（4）大型信息系统项目的沟通管理要点。

（5）实施有效沟通管理的工具和方法。

3. 请结合论文中所提到的大型信息系统项目，介绍你是如何对其进行沟通管理的（可叙述具体做法），并总结你的心得体会。

要点分析

本题为 2013 年上半年信息系统项目管理师考试论文试题一。

本题将大型、复杂信息系统项目管理与沟通管理进行了交叉综合考查。

从近几年考试出题的趋势看，作为高级项目经理的信息系统项目管理师考试越来越注重对大项目的管理和学习，虽然是论大型、复杂信息系统项目管理，但只要在论文中注明项目规模大、周期长、构成复杂等一些具备大型信息系统项目的特点，然后按一般项目管理方法进行管理即可。也就是说考查的重点还是在九大知识领域中的。

项目沟通管理过程主要包括如下内容。

（1）沟通计划编制。确定项目干系人的信息和沟通需求，哪些人是项目干系人，他们对该项目的收益水平和影响程度如何，谁需要什么样的信息，何时需要，以及应怎样分发给他们。

（2）信息分发。以合适的方式及时向项目干系人提供所需信息。

（3）绩效报告。收集并分发有关项目绩效的信息，包括状态报告、进度报告和预测。

（4）项目干系人管理。对项目沟通进行管理，以满足信息需要者的需求，并解决项目干系人之间的问题。

实施有效沟通管理的工具和方法,可重点参考项目沟通管理知识体系表3.7。如在沟通计划编制阶段,项目干系人分析、沟通需求分析以及沟通技术等为主要的工具和技术;信息分发阶段,沟通技术、信息收集和检索系统、信息分发和取得的经验教训等为主要的工具和技术。

解答要点

按照题目的要求,从以下三个方面进行论述。

第一,概要叙述你参与管理过的大型信息系统项目(项目的背景、项目规模、发起单位、目的、项目内容、组织结构、交付的产品等)以及你在其中承担的工作。

选择近期主持或参与过的信息系统项目进行概要叙述。主要包括项目的背景、项目规模、发起单位、目的、项目内容、组织结构、交付的产品等。

第二,结合项目管理实际情况并围绕大型信息系统项目特点、项目干系人分析等要点论述你对大型项目沟通管理的认识。

在结合实际论述时,必须有实际的沟通管理要点、有效沟通管理的工具与方法等内容,这些内容的阐述可以适当合并。

第三,请结合论文中所提到的大型信息系统项目,介绍你是如何对其进行沟通管理的(可叙述具体做法),并总结你的心得体会。

考生应该结合实际工作情况,从改善项目的沟通和解决冲突的角度出发,详细论述在项目中如何做好沟通管理。

例 5-8 论大型信息系统项目的风险管理

大型信息系统项目具有规模大、周期长、复杂度高等特点。它同时存在较大的风险,一旦出现问题,造成的损失是难以预料的。对大型信息系统项目进行有效的风险管理时,需使用合理的方法、工具。针对不同风险采取相应的防范、化解措施。及时有效地对风险进行跟踪与控制是避免造成重要损失的必要手段。

请以"大型信息系统项目的风险管理"为题,分别从以下三个方面进行论述:

1. 结合你参与管理过的大型信息系统项目,概要叙述项目的背景(发起单位、目的、项目周期、交付产品等)以及你在其中承担的工作。
2. 结合承担的大型信息系统项目,论述应如何制定大型信息系统项目风险管理计划。
3. 结合你所在组织的情况,论述在大型信息系统项目中,应如何进行风险监督与控制。

要点分析

本题为2013年上半年信息系统项目管理师考试论文试题二。

本题将大型、复杂信息系统项目管理与风险管理进行了交叉综合考查。

从近几年考试出题的趋势看,作为高级项目经理的信息系统项目管理师考试越来越注重对大项目的管理和学习,虽然是论大型、复杂信息系统项目管理,但只要在论文中注明项目规模大、周期长、构成复杂等一些具备大型信息系统项目的特点,然后按一般项目管理方法进行管理即可。也就是说考查的重点还是在九大知识领域中的。

项目风险管理包括进行风险管理计划编制、对项目风险进行识别、分析和应对的过程。假如某事件对项目的目标有正面影响，则风险管理过程把该事件的概率和影响扩大到最大，反之，则减少到最小。项目风险管理主要包括以下过程。

（1）风险管理计划编制。决定了如何动手处理、规划和实施项目的风险管理活动。

（2）风险识别。明确哪些风险会对项目造成影响，并记录下这些风险的属性，便于制定规避风险和降低风险的计划和策略。

（3）定性风险分析。对项目的风险进行优先级排序，以便进行后续的深入分析，或者根据对风险概率和影响的评估采取适当的措施。

（4）定量风险分析。测量风险出现的概率和结果，并评估它们对项目目标的影响。

（5）风险应对计划编制。开发一些应对方案和措施以提高项目成功的机会，降低项目失败的威胁。

（6）风险监控。在项目的整个生命周期内，监视残余风险，识别新的风险，执行风险应对计划，以及评估这些工作的有效性。

项目风险管理知识体系可参考表3.9。风险管理计划编制的输入（依据）主要为项目章程、环境和组织因素、组织过程资产、项目范围说明书和项目管理计划。通常采用会议的形式来制定风险管理计划。风险管理计划应该包括简介、风险概要、风险管理的任务、组织和职责、预算、工具和技术、要管理的风险项等。制定风险管理计划的技术和方法主要有风险核对表法、风险管理表格、风险数据库模式。

风险监控是指执行风险应对措施，并且连续对项目工作进行监督以发现新的风险和变化的风险。风险监控跟踪已识别的危险，监测残余风险和识别新的风险，保证风险计划的执行，并评价这些计划对减轻风险的有效性。风险监控应用了一些新的工具，如变化趋势分析方法，通过分析在项目实施中的绩效参数以实现风险监控。风险监控是项目整个生命周期的一个持续进行的过程。风险监控可能涉及选择备用策略方案、执行某一应急计划、采取纠正措施或重新制定项目计划。风险应对责任人定期向项目经理和风险小组负责人报告计划的有效性、任何未曾预料到的影响，以及任何需要减轻风险的中期纠正措施。风险监控包括组织过程成本，它涵盖了为未来项目受益而设置的数据库和风险管理模板。

解答要点

按照题目的要求，从以下三个方面进行论述。

第一，结合你参与管理过的大型信息系统项目，概要叙述项目的背景（发起单位、目的、项目周期、交付产品等）以及你在其中承担的工作。

选择近期主持或参与过的信息系统项目进行概要叙述。主要包括发起单位、目的、项目周期、交付产品等。

第二，结合承担的大型信息系统项目，论述应如何制定大型信息系统项目风险管理计划。

风险管理计划的编制决定了如何动手处理、规划和实施项目的风险管理活动。结合实际承担的大型信息系统项目,论述应如何制定大型信息系统项目风险管理计划。

第三,结合你所在组织的情况,论述在大型信息系统项目中,应如何进行风险监督与控制。

根据项目经验,总结在项目中遇到的主要风险、产生根源以及可以采取的应对措施。重点阐述如何进行风险监督与控制。

5.3 要点总结

5.3.1 论文试题分布表

历年(2005—2013)信息系统项目管理师考试中,大型、复杂信息系统项目和多项目的管理知识模块的考查已经越来越得到重视,该部分需要考生重点关注。论文试题分布情况如表5.3所示。

表5.3 大型、复杂信息系统项目和多项目的管理知识模块的论文试题分布表

考试时间	考试题目	考核知识点
2013年上半年	试题一:论大型信息系统项目的沟通管理	大型、复杂项目管理
	试题二:论大型信息系统项目的风险管理	大型、复杂项目管理
2012年下半年	试题二:论大型复杂信息系统项目管理	大型、复杂项目管理
2010年下半年	试题一:论大型项目的进度管理	大型、复杂项目管理
	试题二:论多项目的资源管理	多项目的管理
2009年上半年	试题二:论大型信息系统项目的风险管理	大型、复杂项目管理
2008年上半年	试题一:论企业级信息系统项目管理体系的建立	大型、复杂项目管理
2007年下半年	试题一:论大型项目的计划与监控	大型、复杂项目管理

5.3.2 考查重点与分级

针对信息系统项目管理师考试大纲对大型、复杂信息系统项目和多项目的管理模块的考试要求看,主要包括计划过程、跟踪和控制、范围管理、资源管理以及协作管理几个方面。

按照实际考试中出现的频率和重要程度,将该部分的考核知识点进行分级:

第一级:大型、复杂信息系统项目的风险管理、协作管理、资源管理等为考查最为频繁的一级重点部分。

第二级:大型、复杂信息系统项目的沟通管理、范围管理等则为考查的二级重点部分。

作为信息系统项目管理师要有全面管理的能力,对上面各考核知识点都要熟练掌握,乃至精通,不可疏忽大意,或存侥幸心理。

作为高级项目经理的信息系统项目管理师考试越来越注重对大项目的管理和学习,但是究其核心来看,考查的重点还是在项目管理的九大知识领域中。

第 6 章 项目绩效考核与绩效管理论文写作指导

6.1 概述

项目绩效考核与绩效管理是信息系统项目管理师考试论文中考查不多的知识模块。该部分的论文考试选题主要包括团队绩效与项目绩效的关系、绩效评估方法、项目绩效指标设计以及绩效改进。如表 6.1 所示为项目绩效考核与绩效管理知识模块所包含的知识点。

表 6.1 项目绩效考核与绩效管理知识模块所包含的知识点

知 识 模 块	知 识 点
项目绩效考核与绩效管理	(1) 团队绩效与项目绩效的关系 (2) 绩效评估方法 (3) 项目绩效指标设计 (4) 绩效改进

如图 6.1 所示为项目绩效考核与绩效管理知识模块涉及的论文试题在历年考试中的分布情况。

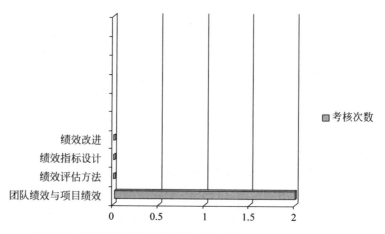

图 6.1 项目绩效考核与绩效管理知识模块的论文选题分布图

6.2 项目绩效考核与绩效管理

6.2.1 理论基础

1. 项目绩效考核与绩效管理概述

随着信息化的不断发展,很多企业越来越关注信息化投资的回报问题,推进绩效评价和企业信息化改造的绩效考核,已成为我国信息化带动工业化的当务之急。目前,政府部门就开展信息化绩效评价作为信息化投资监管的一项基础性工作来抓。所谓绩效评估是指运用数理统计、运筹学原理和特定指标体系,对照统一的标准,按照一定的程序,通过定量定性对比分析,对项目一定经营期间的经营效益和经营者业绩做出客观、公正和准确的综合评判。信息化绩效评价是产权人考核项目建设和经营业绩的一种手段,实质上是按照市场经济要求实行的一项监管制度,以提高信息化投资的效益和效果。

对 IT 系统项目绩效的认定是进行绩效评价的第一步,它关系到评估方法的选择和评估的正确性。Bates 和 Holton 指出:"绩效是一多维结构的概念,评估的因素不同,结果也会不同。"学术界对于绩效的定义,直至今日尚未达成共识。我国财政部统计评价司将企业绩效定义为一定经营期间的企业经营效益和经营者业绩。企业经营效益水平主要表现在盈利能力、资产营运水平、偿债能力和后续发展能力等方面。经营者业绩主要通过经营者在经营管理企业的过程中对企业经营、成长、发展所取得的成果和所做出的贡献来体现。根据财政部统计评价司公布的《企业绩效评价评议指标参考标准(修改)》,将企业绩效评价的指标体系划分为八个评议指标,每个评议指标下有五级参考标准。八个评议指标分别为:

(1) 经营者基本素质。
(2) 产品市场占有能力。
(3) 基础管理水平。
(4) 发展创新能力。
(5) 经营发展战略。
(6) 在岗员工素质。
(7) 技术装备更新水平(服务硬环境)。
(8) 综合社会贡献。

其中第四项发展创新能力是指对技术创新绩效评议,主要考察企业在新产品研制、技术创新、制度创新、服务创新等方面的情况。

具体而言,项目绩效主要包括以下四个方面:

(1) 项目绩效应该包括经济效益。通过项目获得的销售增长、节约开支、减少成本、提高工效、财务收益和利润等经济方面的产出或绩效。这类产出容易用经济指标定量测度和比较,使显性产出用货币单位、生产率等较易表述。

(2) 项目绩效应该包括社会效益。如环境保护、国防、政府决策等,这类绩效往往使用定性方法描述,而用定量方法进行测度则比较难。社会收益难以统一表述。

(3) 项目绩效应该包括科技绩效。新知识、人才、论文发表及对论文的引用是学术收益的主要类型。

(4) 项目绩效还应该包括创新过程效益。创新过程效益主要是指企业在项目的实施过程中研发部门、生产部门、客户之间的交流程度以及在此期间企业参加的技术论坛或者技术人员参加的国外会议数等。

另外一个涉及的概念是绩效审计。绩效审计(3E审计)是经济审计、效率审计和效果审计的合称,因为三者的第一个英文字母均为E,故称3E审计。它是指由独立的审计机构或人员,依据有关法规和标准,运用审计程序和方法,对被审单位或项目的经济活动的合理性、经济性、有效性进行监督、评价和鉴证,提出改进建议,促进其管理,提高效益的一种独立性的监督活动。

绩效评估是按照一定的评价标准来衡量、考核、评价评估对象的绩效水平的。一般绩效评估的标准包括两个层次:一是量化标准,主要包括经济指标与技术指标。经济指标的比较标准可以是历史最高水平、现实水平或本地区或其他地区最高水平。技术指标的标准包括国内标准与国际标准两大类。二是指导性标准,主要是国家法律、法规、各项相关政策与原则。两者要结合使用。尽管评估对象之间的区别使得评价标准不能完全统一,但政府部门应该制定信息化评估规则、发布评估标准、执行委托任务、监督评估质量等,以保证绩效评估工作的健康发展。

信息系统绩效评估主要包括两部分:信息技术评估和应用效果评估。

在信息技术评估中,管理信息系统遵循以下十二条基本原则:

(1) 完整性。

(2) 安全性。

(3) 可伸缩性。

(4) 可用性。

(5) 可管理性。

(6) 互操作性。

(7) 适应性。

(8) 易开发。

(9) 经济性。

(10) 快速的响应时间。

(11) 数据的分布性。

(12) 易使用性。

在应用效果评估中,主要包括如下内容:

(1) 预期经济效益。

(2) 管理效益。优化管理流程;实现流程电子化;减少工作中的冗余环节,增强管理信息的透明度,提高公司的运营效率;搭建符合企业长远发展要求的信息化平台;管理理念和管理模式迈上新台阶。

2. 项目财务绩效评估方法

项目经济效果评价指标多种多样,它们从不同的角度反映了项目的积极性。这些指标主要可以分为三大类。第一类是反映货币量大小的价值型评价指标,如净现值、净年值等绝对经济指标;第二类是反映资金使用效率的效率型评价指标,如投资利润率、内部收益率等相对经济指标;第三类是反映时间长短的时间型评价指标,如静态投资回收期、动态投资回收期等。

对项目的投资效果进行经济评价的方法,主要有静态分析法和动态分析法。

(1) 静态分析法。对投资项目的财务评价时,若不考虑资金的时间价值,称为静态经济效果评价。常用的静态评价指标主要有静态投资回收期、投资收益率、投资利润率、投资利税率、资本金利润率、年费用等。静态分析法计算比较简单,对若干方案进行粗略评价,或对短期投资项目作经济分析时,不考虑资金的时间价值,此法简易实用。其中包括:

- 投资收益率法。又称为会计收益率法,是工程项目投产后所获得的年净收入与项目总投资额之比。
- 投资回收期法。又称为投资返本期或投资偿还年限,是投资收益率的倒数。
- 追加投资回收期法。当两个投资方案进行对比时,方案 1 的投资额 K_1 大于方案 2 的投资额 K_2,而方案 1 的生产成本 C_1 却小于方案 2 的生产成本 C_2,可以采取追加投资回收期法。计算公式为

$$追加投资回收期\ T_a = \Delta K / \Delta C = (K_1 - K_2)/(C_2 - C_1)$$

其中,T_a 为追加投资回收期;ΔK 为投资差额;ΔC 为成本差额;K_1,K_2 分别为两个方案的投资额($K_1 > K_2$);C_1,C_2 分别为两个方案的年成本($C_1 > C_2$)。当 $T_a > T_o$ 时,选择投资小的方案;反之,选择投资大的方案。其中 T_o 为行业标准投资回收期。

- 最小费用法。当出现多个比较方案时,选取总费用最小的方案。

(2) 动态分析法。动态经济效果评价方法不仅考虑资金的时间价值,而且以项目的整个寿命期作为经济分析的对象。因此动态评价方法比静态评价方法更精确、更科学。动态评价指标主要有动态投资回收期、净现值和净现值率、净年值和净年值率、内部收益率、费用现值和费用年值等。动态分析法也叫贴现法,它考虑了资金的时间价值,较静态分析法更为实际、合理。其中包括净现值法、内部收益率法、净现值比率法、年值投资回收期等方法。

- 净现值法。净现值法是目前国内外评价工程项目经济效果最普遍、最重要的方法之一。其操作是把不同时期发生的现金流量(或净现金流量)按基准收益率折算为基准时点的等值额,求其代数和即得净现值。计算公式为

$$NPV(io) = F_t[1/(1+io)t] - IO = F_t(1+io) - t - IO$$

公式中,$NPV(io)$ 为基准收益率等于 io 时的净现值,io 为基准收益率,n 为项目寿命期,F_t 为第 t 年的现金净流量,t 为现金流量发生的年份的序号,IO 为初始投资额。

- 内部收益率法(IRR 法)。内部收益率法是反映获得利润的可能性指标,它是指可以使项目寿命期净现值为零的贴现率。$i3$ 由下列方程求得:

$$NPV(i3) = Ft(1+i^*) - t - \mathrm{IO} = 0$$

公式中,$NPV(i^*)$为内部收益率等于i^*时的净现值,i^*为内部收益率,n为项目寿命期,F_t为第t年的现金流量,t为现金流量发生的年份的序号。求出i^*值,当i^*大于基准收益率或投资者要求的收益率io时方案可行(i^*值可以用插值法或通过Excel软件或计算机编程求得)。

(3) 投资回收期法。在静态分析法中所介绍的投资回收期计算方法,由于没有考虑货币的时间价值,所以存在很大的局限性。但是回收期可以指出一项投资的原始费用得到补偿的速度,也就是投资本息的偿还速度。投资单位一般都比较关心资金的补偿速度,如果在计算投资回收期时,考虑时间因素,那么投资回收期这个指标还是有用的。计算公式为

$$n = -\log(1 - Pio/A)/\log(1 + io)$$

式中,n为投资回收期,P为投资的现值,io为基准收益率,A为年等额经营成本。

6.2.2 论文指导

例 6-1 论组织级项目管理的绩效考核

目前虽然项目管理的理念已经深入人心,但是项目管理在每个单位的实施程度确实参差不齐。有的单位已全面引入了项目管理制度,已经在按项目进行考核,项目经理的地位也得到了加强,单位也尝到了实施项目管理的好处。但是,很多单位对项目的组织形式还是弱矩阵,即项目经理责任很大,权限很小,这不利于项目的实施。

请围绕"组织级项目管理的绩效考核"论题,分别从以下三个方面进行论述:

1. 介绍你所在单位信息系统项目管理的现状(项目管理制度和流程、项目的组织形式)。
2. 阐述项目考核的优点是什么,在项目考核过程中会遇到哪些问题。
3. 论述你所在单位项目的人力资源绩效考核的目的、流程和效果。

要点分析

本题为2007年下半年信息系统项目管理师考试论文试题二。

项目绩效管理是项目组织与人力资源管理的重要组成部分,也是项目管理的重要内容。项目绩效管理是以团队目标为导向,在团队负责人和团队成员之间就目标本身及如何实现而达成共识,形成利益与责任的共同体,并推动和激励成员实现预先设定的绩效,从而实现团队目标的过程。对项目团队的绩效进行计划、监督、控制、考核评价的过程,就是团队目标实现的过程,也是团队中个体能力提升的过程。项目绩效管理不等同于绩效评价。绩效管理不仅仅是评价方法,而是对工作进行组织,以达到最好结果的过程、思想和方法的总和。

项目绩效管理是一个系统,是一个持续、循环的过程。其核心是通过提高团队成员的绩效,达到提高项目绩效以及整个组织绩效的目的。

实行项目考核的主要优点如下:

(1) 客户满意度和利润率提高,项目的坏账降低。而实行项目考核前干多干少一个样,

每月拿固定工资。

（2）实行项目考核后，技术好、人品好的员工大受项目经理的欢迎，这样就督促员工提高技术、增强团队意识。单位也不用养太多的闲人。

项目考核可能的问题：

（1）赶工或者偷工减料降低质量。

（2）员工的超负荷劳动，既可能损害质量又可能降低士气。

（3）只追求目前的项目能按时交付。

（4）只追求本次项目成功，不注重能力的积累。

典型的项目人力资源绩效考核的实际或计划流程如下：

（1）项目经理根据人力资源部提供的数据、行情、历史经验、专家评定，确定人员按天计算基准工资、公司管理系数、物资基准价格、服务的基准价格、劳动生产率基准，以组织制定项目的预算。

（2）人力资源部门制定各岗位考评标准。各个员工的绩效评价参考人一般为员工所在项目组的项目经理。

（3）根据各项目经理报送的项目出工表确定员工的工作量。谁使用员工谁负责考核员工。评价环节分以下三个步骤进行。

① 绩效评价参考人对照考评标准、预期计划、目标或岗位职责要求，对任务完成的进度、质量、成本及季度工作中的优点和改进点进行评价。

② 参考人评价完毕，员工工作量自动汇总到职能部门主管那里。职能部门主管对员工业绩、改进点进行最后的评价，对与项目经理不一致的意见进行协调沟通，并按照比例控制原则对项目经理给出的考核等级进行调整。

③ 人力资源部审计各部门考评结果及比例。

④ 进行分层沟通、反馈和辅导，制定下阶段或季度目标，对需改进的员工签订《绩效限期改进计划表》。

（4）结果运用。季度绩效考核结果与员工在公司的利益相挂钩，包括与年度绩效考核挂钩、与年终奖金和内部股票的发放挂钩、与技术任职资格和管理任职资格挂钩，为晋升、加薪、辞退等人力资源职能提供有力的证据。

考生应结合自己的实际情况，指出人力资源绩效考核的目的，给出人力资源绩效考核的流程，并评价实施人力资源绩效考核的效果。

解答要点

按照题目的要求，从以下三个方面进行论述。

第一，介绍你所在单位信息系统项目管理的现状（项目管理制度和流程、项目的组织形式）。

选择近期主持或参与过的信息系统项目进行概要叙述。主要包括项目管理制度和流程、项目的组织形式等。

第二,阐述项目考核的优点是什么,在项目考核过程中会遇到哪些问题。

项目绩效考核是企业开展绩效管理的一项重要的基础工作,目的是在员工价值创造和价值回报之间构建公正、合理、适度激励的价值评价机制,以提高工作效率和企业绩效。项目绩效考核的优点明显,当然在项目考核过程中也有不少问题。

项目考核可能的问题:

(1) 赶工或者偷工减料降低质量。

(2) 员工的超负荷劳动,既可能损害质量又可能降低士气。

(3) 只追求目前的项目能按时交付。

(4) 只追求本次项目成功,不注重能力的积累。

第三,论述你所在单位项目的人力资源绩效考核的目的、流程和效果。

考生应结合自己的实际情况,指出人力资源绩效考核的目的,给出人力资源绩效考核的流程,并评价实施人力资源绩效考核的效果。

例 6-2 论项目的团队建设与绩效考核

在现代企业管理中,非常重视对绩效的评估和管理,在项目管理中也越来越多地引入了绩效管理的概念和要求,这些绩效管理的要求会在项目团队建设中结合项目及其团队成员的实际情况给予实施。

请围绕"项目的团队建设与绩效考核"论题,分别从以下几个方面进行论述:

1. 简要叙述你参与管理过的信息系统项目(项目的背景、发起单位、目的、项目特点、项目团队成员的角色、能力和经验等)。

2. 你为了建设一个高绩效的项目团队,采用过哪些工具与方法?

3. 请具体论述项目绩效考核方案的主要内容及考核方法。

要点分析

本题为 2008 年上半年信息系统项目管理师考试论文试题三。

建设高绩效的项目团队的工具与方法一般有如下几种:

(1) 团队建设活动,如开会、交流、协同工作和聚餐。

(2) 集中办公。

(3) 激励与约束。

(4) 培训。

关于项目绩效考核方案的主要内容及考核方法的论述,要结合自己的经验来说明项目的绩效考核方案,讲述方案的由来及主要内容。首先应简单介绍绩效考核方法的由来,也就是形成过程。

(1) 依据单位的项目管理制度。

(2) 项目经理提出建议稿。

(3) 征求主管领导和组员的意见。

(4) 讨论。

(5) 正式发布。

(6) 动态收集每一个团队成员的绩效,论功行赏,奖惩分明。

绩效考核办法的内容简介如下。

(1) 目的。

(2) 适用人员。

(3) 考核方法(包括考核周期、奖项的设置(如技术、团队合作、客户满意、进度、成本、质量等奖项,也可设总的奖项)、每个奖项的设置级别(如技术一等奖、团队合作二等奖)、具体的奖惩措施)。

(4) 评分标准(考核项包括任务的完成情况、进度绩效、成本绩效、质量绩效、过程记录与归档、出勤记录、团队合作、总分,每个考核项量化为若干个级别)。

解答要点

按照题目的要求,从以下三个方面进行论述。

第一,简要叙述你参与管理过的信息系统项目(项目的背景、发起单位、目的、项目特点、项目团队成员的角色、能力和经验等)。

选择近期主持或参与过的信息系统项目进行概要叙述。主要包括项目的背景、发起单位、目的、项目特点、项目团队成员的角色、能力和经验等。

第二,你为了建设一个高绩效的项目团队,采用过哪些工具与方法?

建设高绩效的项目团队的工具与方法,一般有团队建设活动,如开会、交流、协同工作和聚餐、集中办公等。

第三,请具体论述项目绩效考核方案的主要内容及考核方法。

关于项目绩效考核方案的主要内容及考核方法的论述,要结合自己的经验来说明项目的绩效考核方案,讲述方案的由来及主要内容。

6.3 要点总结

6.3.1 论文试题分布表

历年(2005—2013)信息系统项目管理师考试中,项目绩效考核与绩效管理知识模块的考查较少,该部分考生也不得忽视。论文试题分布情况如表 6.2 所示。

表 6.2　项目绩效考核与绩效管理知识模块的论文试题分布表

考试时间	考试题目	考核知识点
2008 年上半年	试题三:论项目的团队建设与绩效考核	团队绩效与项目绩效
2007 年下半年	试题二:论组织级项目管理的绩效考核	团队绩效与项目绩效

6.3.2 考查重点与分级

针对信息系统项目管理师考试大纲对项目绩效考核与绩效管理模块的考试要求看,主要包括团队绩效与项目绩效的关系、绩效评估方法、项目绩效指标设计以及绩效改进。

按照实际考试中出现的频率和重要程度,将该部分的考核知识点进行分级。

第一级:团队绩效与项目绩效的关系等为考查最为频繁的一级重点部分。

第二级:绩效评估方法、项目绩效指标设计以及绩效改进等为考查的二级重点部分。

作为信息系统项目管理师要有全面管理的能力,对上面各考核知识点都要熟练掌握,乃至精通,不可疏忽大意,或存侥幸心理。

作为高级项目经理的信息系统项目管理师考试越来越注重对大项目的管理和学习,但是究其核心来看,考查的重点还是在项目管理的九大知识领域中。

第三部分

信息系统项目管理师论文写作指引

第 7 章　信息系统项目管理论文写作指引

"论文素材"一般是指为提高考生论文应试能力,提供的一些切合命题特点的优美的语言、丰富的词汇,帮助考生锤炼语言,在潜移默化中提高考生的写作水准的内容和材料。

这里所讲述的"备考素材",不是通常意义上的论文素材,它主要包括两大类。第一类是"写作素材",帮考生丰富写作内容;第二类是"写作思路",精彩的思辨、精短的论述,锻炼考生的发散性思维能力,引导考生深入思考,对提高考生的创新思维能力大有裨益。采纳丰富的写作素材,专注多元的写作视角与写作思路,旁征博引,帮助考生开阔视野,创新思维,以从中获取有助于自己的内容,进而提升写作水平。

7.1 备考素材

信息系统项目管理知识模块涉及的论文试题在历年考试中覆盖较为广泛,包括质量管理、沟通管理、风险管理、可行性分析、人力资源管理、成本管理、沟通管理等,在历年考试中考查的也最为频繁,所占的分数比例较重。在此针对质量管理、沟通管理、风险管理、人力资源管理等考查重点部分给出论文写作提示。并且以人力资源管理为例,进行案例拓展、论文写作指引。

1. 论文题目: 信息系统项目质量管理

论文正文写作提示:

(1) 论文正文的逻辑结构包括三个部分:

论文背景——论文逻辑框架——论文总结。

(2) 论文逻辑框架部分写作路径为:

质量计划编制(要经过评审和基线化)——执行质量保证——执行质量控制。

(3) 主要观点(总结部分的关键内容)包括:

- 技术评审、阶段管理评审等保证评审产品和过程的客观性。
- 在实际项目过程中,充分运用各种控制工具、技术、手段来监控项目质量。
- 表述质量保证与质量控制的功能定位以及两者之间的联系与区别(不可混为一谈)。

2. 论文题目: 信息系统项目沟通管理

论文正文写作提示:

(1) 论文正文的逻辑结构包括三个部分:

论文背景——论文逻辑框架——论文总结。

(2) 论文逻辑框架部分写作路径为:

沟通计划编制——信息分发(周期性会议,突出周报以及信息分发)——绩效报告(阶段会议,阶段报告绩效信息)——项目干系人管理。

  (3) 主要观点(总结部分的关键内容)包括:
- 在项目的整个生命周期中(需求调研、评审、周会、紧急协商会、项目变更、项目验收、培训用户等),周期性地识别与管理项目干系人的需求,确保与干系人的良好沟通。
- 从处理、解决项目冲突的角度出发,来改善信息系统项目的沟通情况。

 3. 论文题目: 信息系统项目风险管理

论文正文写作提示:

(1) 论文正文的逻辑结构包括三个部分:

论文背景——论文逻辑框架——论文总结。

(2) 论文逻辑框架部分写作路径为:

风险管理计划编制——风险的识别(早期识别和阶段识别)——风险分析(定性风险分析、定量风险分析)——应对风险策略——风险监控。

  (3) 主要观点(总结部分的关键内容)包括:
- 在信息系统项目中,经常会面临到的主要风险、产生的根源,及其采取的应对措施。
- 在实际信息系统项目中,识别出最重要的风险是什么,并进行周期性风险识别,防止后期出现问题。

 4. 论文题目: 信息系统项目人力资源管理

论文正文写作提示:

(1) 论文正文的逻辑结构包括三个部分:

论文背景——论文逻辑框架——论文总结。

(2) 论文逻辑框架部分写作路径为:

人力资源计划编制——组建项目团队——项目团队建设——管理项目团队。

  (3) 主要观点(总结部分的关键内容)包括:
- 建立一个鲜明而上进的团队文化,促进团队更好更快地成长与进步,鼓励团队合作与协作,激发团队成员个人的潜能。
- 在项目团队建设中,采取多种方式和途径进行团队激励。
- 要积极高效地处理好团队间矛盾,避免因团队内部矛盾引起团队核心技术团队不安心工作,甚至人员流动,导致项目完全停顿与失控。

 5. 案例拓展: 100 个人的 1% 和 1 个人的 100%

  美国一位出色的大企业家说:"我宁愿录用 100 个人的 1% 而不愿用一个人的 100% 的价值。"我们不禁要问,他为什么采取增加人力的方法去追求企业更大盈利呢?

  诚然,这一观点的内涵是多方面的,如从政治影响考虑帮助解决就业问题;从工人数量与质量考虑充分利用每个人的体能、技能、智能因素最保险的部分;充分利用众多人的综合效应等。这说明,在其企业中增加百人为单位的人力资源所增加的成本(百人的工资)一定小于这百人为单位人力资源所增加的影子价格(百人的影子工资)。利用影子价格使企业中的资源得到最佳配置,同时还可利用影子价格得到企业人力资源最多增加的人数,即得出在保证企业总盈利最大时,某一资源最多增加的限度。并可推知,影子价格能用于企业生产产品的安排,用于新产品及投资项目的选择,用于企业内部成本与效益分析,用于企业经营决策中。如当企业所需要的某种资源的市场价格低于该种资源的影子价格时,企业决策人可买进该种资源;当企业拥有某种资源的市场价格高于该种资源的影子价格时,企业决策人可卖出该种资源以获取利润、减少储藏空间与保险金,并增加了资金的时间价值。

(资料来源:中国项目管理资源网)

上述案例中所涉及的"影子工资",即工资的影子价格。"影子价格"指的是在项目经济评价中采用的部分货物经调整计算的价格,反映社会对这些货物真实价值的度量,是投资项目经济评价的重要参数。影子价格的含义是科学的,但是它的确定却是极其困难的,只能用变通的办法,根据某种资源的机会成本估计,得到近似的影子价格。

就信息系统项目管理而言,其核心本质上是对人的管理(人的管理也是最难的,有太多不确定的因素和外界条件限制),通过项目经理与建设方、承建方、监理方等人员之间的互动、沟通、协调等,促进、推动信息系统项目的前行,继而完成既定项目。

对于信息系统项目管理的论文写作考试,在论文的正文部分要正确、有效地表现出所考察知识领域涉及的输入输出过程结构。再者,人力资源管理主要涉及制定人力资源计划、组建项目团队、建设项目团队和管理项目团队。制定人力资源计划包括识别和记录项目角色、职责、所需技能以及报告关系,并编制人员配备管理计划。组建项目团队就是确认可用人力资源并组建项目所需团队的过程。建设项目团队就是提高项目组成员工作能力,促进团队互动和改善团队氛围,提供项目绩效。管理项目团队就是跟踪团队成员工作和日常表现,提供反馈,解决问题并管理变更,以便于优化项目绩效。

7.2 论文范例写作指引

信息系统项目管理师考试的论文要体现出一定的学术性,但是更多的是要谈项目管理的经验。在论文的写作过程中,不能过多地关注技术开发,而是要根据论题的要求,较为详细地写出实际项目管理过程中存在的问题以及所采取的应对措施。

根据多年信息系统项目考试的论文情况分析发现,许多考生觉得该类考试的复习与应考无从下手,现场写作的论文则与考试标准偏差较大。实际上,符合信息系统项目管理师考试标准的论文就是合格的论文。因此,有必要强调论文写作的"标准格式"。在此,以"论信息系统项目的人力资源管理"为题,进行论文写作范例指引。

再者,考生万万不可投机取巧,简单套用往年的优秀论文模板。考生要在仔细揣摩范例写作格式的基础上,结合自己实际参与或管理过的项目案例,以自己的写作方式、技巧,展开论述与项目总结。

题目:论信息系统项目的人力资源管理

信息系统项目的人力资源管理就是有效地发挥每一个参与项目人员作用的过程。人力资源管理包括组织和管理项目团队所需的所有过程。马云曾经说过:"团队成员要离开,借口有很多,真实的理由其实就是两个。要么是钱没给够,要么是心委屈了。"所言极是。为了避免类似事件发生,从项目团队组建到项目团队建设,项目经理从招募项目团队成员、项目团队成员培训、团队文化建设到项目团队管理等要做好不少工作。

请围绕"信息系统项目的人力资源管理"论题,分别从以下三个方面进行论述:

1. 简要叙述你参与管理过的信息系统项目(项目的背景、发起单位、目的、项目周期、交付的产品等),以及该项目在人力资源方面的情况。

2. 概要叙述你对于项目人力资源管理的认识以及项目人力资源管理的基本过程。

3. 结合你的项目经历,论述在信息系统项目中人力资源管理方面经常会遇到的问题及其产生原因,针对这些原因给出你在管理项目时所采取的解决措施。

【摘要范例】

本文以我负责管理的××××信息系统项目为实例,探讨信息系统项目的人力资源管理,从人力资源管理角度,论述所遇到的问题及解决的办法。

该系统于20××年由某××单位建设,投资××万元,系统包括××××等部分,具有××××功能,涉及××等多个单位。因此具有干系人复杂、项目不确定因素较多等特点。

文章首先解释了人力资源管理的基本概念,接着说明人力资源管理的人力资源计划编制、组建、建设、管理项目团队四大基本过程。我作为项目经理,建立多种激励方式,利用多种方式加强绩效考核;做好沟通协调,排解成员间矛盾;根据成员的性格和领域分配适合的工作,以此建设高效团队,达到项目成功。项目自20××年××月启动至20××年××月验收完成,历时××月,系统至今运行稳定,受到了客户的好评,并且培养了一支优秀的项目团队。

【摘要指引】

摘要是论文的概述与总结。"简洁明了"是摘要的写作标准。

摘要字数控制在300~400字左右。摘要首句简明扼要地说明要旨,点题。然后根据论述要求,简述项目的背景、人力资源等项目基本情况,做到简洁明了,一目了然。接着根据论述要求,说明人力资源管理部分的"过程、方法、措施"。最后,有始有终,交代项目历时、产品交付等情况。

【正文范例框架】

20××年××月,我参加了××××信息系统项目的开发,担任项目管理工作。该项目由××单位建设,投资××万元,系统包括××××等部分,具有××××功能,涉及××等多个单位。本系统采用××××开发,系统架构××××,数据库××××。本系统开发历时××个月,总计投入人员××人,其中我单位开发人员×人,××单位协助开发人员××人……因此该项目涉及人员较多,具有干系人复杂、项目不确定因素较多等特点,项目人力资源管理显得尤为重要。

人力资源计划编制

……

组建项目团队

……

项目团队建设

……

管理项目团队

……

在项目实施过程中,我遇到了如下问题,下面总结一下我的解决方案。

(1)项目成员积极性不高,我作为项目经理,建立多种激励方式,利用多种方式加强绩效考核。

- 使用召开例会的方式,对团队成员的优异表现给予充分的肯定和感谢。
- 让团队成员有机会被高层管理者和客户知道。
- 建立一个基金,通过整个基金定期地、公开地给予他们奖励。
- 团队成员都成功才是项目的成功,最终也是项目经理的成功。

……

(2)项目成员间产生矛盾,为了避免对项目推进造成影响,我利用项目经理的权威,积极沟通,排解成员烦恼。

- 项目经理和团队成员定期进行非正式的交流。
- 对团队成员不带着以前的成见,客观地分析他人。
- 不对团队成员食言,言出必行,保持承诺。
- 对团队成员一视同仁地信任,在任何事情上都不怀疑他们。
- 尽可能地使汇报关系扁平化,确保不多于两层的汇报层次。

……

(3)项目成员水平参差不齐,我根据成员的性格和领域分配适合他们的工作,以此建设高效的团队,达到项目成功。

……

××××项目自20××年××月启动至20××年××月验收完成,历时××月,系统至今运行稳定,在20××年被评为××××科技进步奖,并且取得了客户的信任和好评,同时培养了一支优秀、强干的项目团队。我总结了如下的成功经验:第一,建立一个鲜明而上进的团队文化,促进团队更好更快地成长与进步,鼓励团队合作与协作,激发团队成员个人的潜能。第二,在项目团队建设中,采取多种方式和途径进行团队激励。第三,需要保持团队间良好的沟通,在处理项目成员间矛盾时,要一视同仁,客观地分析与排解困难。在以后工作中,我将继续努力学习与工作,为我国信息系统项目建设作出更多的贡献。

【正文指引】

正文写作的常规套路是按照"总—分—总"结构来叙述。叙述的内容囊括题目论述要点中的三个部分,即项目背景、项目考查的知识点以及实践总结。

首先,在扩展摘要部分将信息系统项目所涉及的基本情况(项目开发概要、"我"所承担的工作及项目在人力资源管理方面的情况等)说明清楚。字数在500～600字左右。然后叙述人力资源管理的基本过程,字数在300～400字左右,内容包括人力资源管理的四大过程、"我"对人力资源管理的认识等。接着叙述人力资源管理的实践,字数控制在1600～1800字左右,主要描述项目实践过程中处理问题的方法与措施。最后是总结,字数在100～200字左右。总结一方面要对项目实践进行归纳总结,另一方面最好能写出不足之处、对今后工作的展望等。信息系统项目管理师论文考试的字数分配如图7.1所示。

图 7.1 信息系统项目管理师论文摘要与正文字数分配

7.3 要点总结

综上所述,正文的写作标准格式包括:写作内容需要理论联系实际;叙述的论点正确;写作结构清晰明了等。而正文写作的关键点在于:

(1) 一定要以"我"为中心,进行叙述。

(2) 一定要站在高级工程师的高度,同时也是项目管理者的高度,全局审视项目管理。

(3) 一定要有自己的观点,并要从实际项目中找出与其他项目的差异性,从中归纳、总结及解决问题。以期让阅卷老师眼前一亮。

第8章 大型、复杂信息系统项目和多项目的管理论文写作指引

8.1 备考素材

大型、复杂信息系统项目和多项目的管理知识模块涉及的论文试题范围较广,是论文考试中的核心部分,其考试难度也最大。实际上,本部分是近几年经常出现试题的模块,它与信息系统项目管理知识模块的考察知识领域基本一致,主要区别在于本知识领域涉及的项目背景较为复杂,项目是大型的、复杂的信息系统项目,具体表现为工期长、投资大、项目干系人多、间接管理、分工管理、分级管理、需要多注意变更情况、需要多沟通等。

从考试发展趋势来看,本知识模块的考察会越来越紧密。其内容包括大型、复杂项目和多项目管理的特征和分解,大型、复杂项目和多项目的计划过程、跟踪和控制管理、范围管理、资源管理和协作管理等。在此重点针对成本管理、范围管理、进度管理等考察重点部分给出论文写作提示,并且以大型项目的进度管理为例,进行案例拓展、论文写作指引。

1. 论文题目: 论大型信息系统项目的成本管理

论文正文写作提示:

(1) 论文正文的逻辑结构包括三个部分:

论文背景——论文逻辑框架——论文总结。

(2) 论文逻辑框架部分写作路径为:

成本估算——成本预算——成本控制。

(3) 主要观点(总结部分的关键内容)为:

论述挣值分析技术在实际成本的绩效测量应用中的重要性。

2. 论文题目: 论大型信息系统项目的范围管理

论文正文写作提示:

(1) 论文正文的逻辑结构包括三个部分:

论文背景——论文逻辑框架——论文总结。

(2) 论文逻辑框架部分写作路径为:

范围管理计划编制——范围定义——创建工作分解结构,范围细化——范围确认——范围执行和控制——范围核实。

(3) 主要观点(总结部分的关键内容)为:

论述多阶段交付的重要性。

3. 论文题目: 论大型信息系统项目的进度管理

论文正文写作提示:

（1）论文正文的逻辑结构包括三个部分：

论文背景——论文逻辑框架——论文总结。

（2）论文逻辑框架部分写作路径为：

活动定义(确定项目任务)——活动排序——活动资源估算(资源和历时估算)——活动历时估算——制定进度计划——进度控制。

（3）主要观点(总结部分的关键内容)包括：

- 论述进度控制方法：Delphi法在项目估算应用中的重要性。
- 论述项目进度动态检测方式及项目进度控制措施。

4. 案例拓展： 多项目的管理

在管理多个项目的情境中，基于日程的项目管理方法可能使管理者根据截止时间调配资源。这种拆东墙补西墙的做法也许可以解决短期困难，却往往会带来长期危害。来自曼彻斯特大学的研究者K. Yaghootkar和N. Gil在《国际工程管理期刊》发表了相关文章，利用仿真方法验证了这个观点。

在实施多个任务时，许多公司会做出自不量力的事。如果企业立志在竞争激烈的市场中脱颖而出，他们必须不断调整商品，组织多个产品研发团队。在高峰时段，共享资源往往不足以支持多个项目。此时，高级管理者往往为了支持重要项目而从其他项目中抢夺资源。在管理多个项目的公司时，这种资源倾斜业已成为寻常戏码，因为总有一些项目是更重要的。仿真结果显示，高级管理者为了结束项目而给团队施加压力，在接下来的项目中，时间压力像滚雪球般增多。首先，挪用资源本身就需要承受日常压力；其次，当压力传递到其他项目时，资源的来回挪用更是迫使管理者不断地判断优先性；最后，当团队大小处于振荡状态时，工作效率下降，员工可能更需要加班。总而言之，这些效益加剧了日程压力，使企业陷入自我强化的恶性循环，保持在持久稳定低绩效状态中，不能有效率地推进项目。

(资料来源：项目管理者联盟网)

大型、复杂项目管理和多项目的管理都属于"组织级"的项目管理，它具有两个特征。第一，分级管理与分工管理。项目经理很难直接管理到项目团队的每一个成员和项目的每一项目标，一般需要建立一个管理团队，实行分级管理和分工管理，项目经理一般采用间接管理的方式。第二，强化协调机制。复杂的团队构成会使得团队之间的协作、沟通所需要的成本大幅度上升，如何建立有效的协调机制就成了整个项目成败的关键。多项目管理确保组织在项目选择、计划、实施，以及在处理项目之间的冲突时，以组织战略目标为导向，从而保证整个组织在大方向上的一致性。

项目资源控制是指项目组织为保证在变化的条件下实现其资源计划和预算成本，按照事先拟定的计划和标准，对项目实施过程中发生的各种实际成本与计划成本进行对比、检查、监督、引导和纠正，尽量使项目的实际成本控制在计划和预算范围内的管理过程。随着项目的进展，根据项目实际发生的成本，不断修正原先的成本估算和预算安排，并对项目的最终成本进行预测的工作，也属于项目成本控制的范畴。同时，大型、复杂项目规模大、时间长，项目成本的不确定因素较多，一旦项目成本失控，要在预算内完成项目是非常困难的。

如果没有额外的资金支持,可能导致项目范围缩小、项目进度推迟,甚至会降低项目质量。因此,实施多项目的组织应当激励管理者有大局观。也即,项目预算和资源分配至少在时间表上是合理的。此外,高级管理者必须努力保持某些资源持续可用,以备不时之需,可以看做对灵活性的投资,也可以看做是对不确定性投放保险。当某些重要项目不期而至时,这项投资会有很好的回报。否则,组织可能随时陷入"救火状态"。

8.2　论文范例写作指引

信息系统项目管理师考试的论文要体现出一定的学术性,但是更多是要谈项目管理的经验。在论文的写作过程中,不能过多地关注技术开发,而是要根据论题的要求,较为详细地写出实际项目管理过程中存在的问题以及所采取的应对措施。

根据多年信息系统项目考试的论文情况分析发现,许多考生觉得该类考试的复习与应考无从下手,现场写作的论文则与考试标准偏差较大。实际上,符合信息系统项目管理师考试标准的论文就是合格的论文。因此,有必要强调论文写作的"标准格式",进行论文写作范例指引。

再者,考生万万不可投机取巧,简单套用往年的优秀论文模板。考生要在仔细揣摩范例写作格式的基础上,结合自己实际参与或管理过的项目案例,以自己的写作方式、技巧,展开论述与项目总结。

题目:论大型项目的进度管理

近年来,随着国家经济的持续发展,出现了越来越多的大型、复杂信息系统项目,这些项目本身的复杂性使得项目管理的难度也相应地增加了。大型项目的进度管理是项目管理中非常重要的一个环节。在实际项目应用过程中,需要从进度计划编制、进度控制方法、进度跟踪方法、进度控制与分析理论等方面实施大型复杂项目的进度管理。

请围绕"论大型项目的进度管理"论题,分别从以下三个方面进行论述:

1. 简要叙述你参与管理过的信息系统项目(项目的背景、发起单位、目的、项目周期、交付的产品等),以及该项目在进度管理方面的情况。

2. 结合项目管理实际情况论述你对大型项目的进度管理的认识。可围绕但不局限于以下要点叙述:

(1)根据大项目的特点,在制定进度计划时应该考虑的内容和应遵循的步骤。

(2)大型信息系统项目的进度控制要点。

(3)实施进度管理的工具和方法。

3. 请结合论文中所提到的大型项目,介绍你是如何对其进度进行管理的(可叙述具体做法),并总结你的心得体会。

【摘要范例】

20××年××月,我作为项目经理参与了××省××信息系统项目,该项目总投资

8000万元人民币,建设工期为3年,项目建设涉及的人员多、单位多,通过该项目的建设,实现了该省××信息化工作的××,该项目于20××年××月,通过了业主方的验收,赢得了用户的好评。本文结合作者的实际经验,以该项目为例,讨论了信息系统项目建设过程中的进度管理,主要从以下几个方面进行了阐述:在制定进度计划时应该考虑的内容和应遵循的步骤;大型信息系统项目的进度控制要点;实施进度管理的工具和方法等。

【摘要指引】

摘要是论文的概述与总结。"简洁明了"是摘要的写作标准。摘要字数控制在300～400字左右。摘要首句单刀直入,直接阐述项目的背景、进度管理等方面的基本情况,一目了然。接着根据论述要求,点明论题要求阐述的几个方面后收尾。

大型、复杂信息系统项目的核心内容与一般的信息系统项目管理没有多大区别。重点是要说明大型、复杂信息系统的特征(包括项目的投资大、周期长、项目干系人复杂等),以及其在项目管理中的特性(包括分工、分级、间接管理等)。

【正文范例框架】

20××年××月,我作为项目经理参与了××省××信息系统项目,该项目总投资8000万元人民币,建设工期为2年,项目建设涉及的人员多、单位多,通过该项目的建设,实现了该省××信息化工作的××。在项目实施过程中,在项目进度管理方面具有以下特点:项目业务功能较为复杂,涉及××省1600多家机构、单位,同时该项目工期历时为两年,涉及的项目干系人也较为众多,项目要求必须在20××年年底前完成。这些都说明该项目中时间管理的重要性。

该项目于20××年××月,通过了业主方的验收,赢得了用户的好评。本文结合作者的实际经验,以该项目为例,讨论了信息系统项目建设过程中的进度管理,主要从以下几个方面进行了阐述:在制定进度计划时应该考虑的内容和应遵循的步骤;大型信息系统项目的进度控制要点;实施进度管理的工具和方法等。

活动定义

……

活动排序

……

活动的资源估算

……

活动的历时估算

……

制订进度计划

……

进度控制

……

××信息系统项目管理过程中,我全面应用了项目时间管理的方法,使得该项目在时间管理方面较好地达到了预期的目的,确保了20××年年底前顺利完成项目所有工作。

在项目实施过程中,我遇到了一些问题,下面将项目时间管理过程中的不足总结如下。

(1)要给时间"留有余地"。在项目活动历时估算时应该更多地安排预留时间,为项目风险做好时间方面的准备。

(2)要尽量做好资源平衡。资源平衡可能会导致工期延长。因此,在制订进度计划时,应该更多考虑资源平衡方面的问题,使得项目在确保时间进度不变的情况下更好地减少成本。

(3)要考虑赶工加班的负面影响。一般情况下,赶工的缺点是导致直接成本的增加,快速跟进的缺点则是增加返工的风险。

(4)要保持与用户的沟通。在项目执行过程中,各个里程碑评审过程应该加强用户参与,在项目进度方面增加与用户的沟通。

……

根据上述总结与改进,在以后的项目管理工作中,项目时间管理的水平与能力将得到更快更好的提高。

在此我们可以预测,我国的计算机信息技术将不断出现新的腾飞点。祝愿我国信息技术与软件产业不断强大!

【正文指引】

由于题目涉及"大型、复杂项目",有必要明白其基本概念。一般把周期长、规模大,或具有战略意义、涉及面广的项目称为大型项目,大型项目除了周期长、规模大、目标构成复杂等特征外,还具有项目团队构成复杂的特点。在进行管理时,往往会把大型项目分解成一个个目标相互关联的中、小项目来统一管理,大型项目的管理方法与普通项目并没有本质的变化,但在实际的项目过程中仍然有许多需要注意的地方。

正文写作的常规套路是按"总—分—总"结构来叙述。叙述的内容囊括题目论述要点中的三个部分,即项目背景、项目考察的知识点以及实践总结。

首先,在扩展摘要部分将信息系统项目所涉及的基本情况(项目开发概要、"我"所承担的工作及项目在进度管理方面的情况等)说明清楚。字数在500~600字左右。然后叙述进度管理的基本过程,字数在300~400字左右,内容包括进度管理的六大过程、"我"对进度管理的认识等。接着叙述进度管理的实践,字数控制在1600~1800字左右,主要描述项目实践过程中处理问题的方法与措施。最后是总结,字数在100~200字左右。总结一方面要对项目实践进行归纳总结,另一方面最好能写出不足之处、对今后工作的展望等。

8.3 要点总结

1. 论文的"标准格式"

信息系统项目管理师考试的论文考试总体而言是有"标准格式"的。按照标准格式来正常发挥撰写论文,一定能通过考试;如果能在论文中表达具有实践内涵的论述观点,获得高分也是必然的。在此总结摘要和论文正文的标准格式,列举如下,希望大家能够举一反三。

摘要(300~400字)的标准格式列举如下:

某年某月,我参加了某项目的开发,担任某某职务。该项目的情况概述(包括项目投资多少,建设工期是多长,项目功能情况介绍等),项目的完成情况说明(包括项目于某年某月顺利通过验收,得到用户的一致肯定等)。本文结合作者的实际经验,以该项目为例,讨论了信息系统项目建设过程中的某某管理,并综述某某管理的几个重要方面(包括过程、方法、措施等)。

论文正文(2500~3000字)的标准格式列举如下:

扩展摘要部分

过渡并引出对某某管理的实践论述。

结尾部分对项目实践进行总结,说明某某管理实践过程中的不足之处,并对今后工作进行展望。

从论文备考的角度来看,应在考前准备2~3个与论文考试项目管理的项目背景;论文正文的摘要考察的是综述理解与表达能力;正文中对项目管理的实践论述部分是较为关键的部分,可以重点参考第二部分信息系统项目管理论文写作指导,其中对历年真题分类做了较为详细的分析与解答。

2. 论文试题预测与拓展练习

从历年试题的出题情况看,2009年之后连续出现大型、复杂项目管理的试题,而这个方向也逐渐成为出题的主流。因此,有必要全面掌握大型、复杂项目管理的情况,在大量收集、阅读相关文章的同时,做些考前论文预测强化练习,并不断思考别人是如何站在信息系统项目管理师角度考虑问题的,做到心中有物。以下几个预测论文试题供考前练习参考。

(1)论大型信息系统项目的进度管理

(2)论大型信息系统项目的风险管理

(3)论大型信息系统项目的人力资源管理

(4)论大型信息系统项目的成本管理

(5)论大型信息系统项目的质量管理

附录 A 信息系统项目管理师论文考试大纲

考试科目 3：信息系统项目管理论文

根据试卷上给出的与项目管理有关的四个论文题目，选择其中一个题目，按照规定的要求写论文和摘要。论文涉及的类别如下：

1. 信息系统项目管理
- 项目选择
- 可行项目分析
- 项目全生命周期流程管理
- 项目的整体、范围、进度、成本、质量、人力资源、沟通、风险和采购管理
- 项目评估
- 企业级信息系统项目管理体系的建立
- 项目中的质量管理与企业质量管理异同分析

2. 信息安全
- 信息安全体系
- 信息安全体系的安全风险评估
- 企业信息安全策略

3. 信息系统工程监理
- 监理的方法和工作流程
- 监理的机构及监理工程师
- 监理中的质量、投资、进度和变更控制
- 监理中的合同管理、信息管理和安全管理
- 监理中的组织协调

4. 信息化战略与实施
- 企业建设信息化系统的过程
- 信息化系统建设过程中常见问题
- 新技术对信息化建设的影响
- CIO 在信息化建设过程中的作用
- 信息化规划
- 不同类型信息化建设过程中的差异
- 电子政务建设
- 企业自身管理成熟度对企业信息化建设的影响

5．大型、复杂信息系统项目和多项目的管理
- 计划跟踪
- 跟踪和控制
- 范围管理
- 资源管理
- 协作管理

6．项目绩效考核与绩效管理
- 团队绩效与项目绩效的关系
- 绩效评估方法
- 项目绩效指标设计
- 绩效改进

附录 B 信息系统项目管理师论文考试题目（2005—2013）

2013 年下半年
试题一 论信息系项目的质量管理和提升
试题二 论信息系统项目的沟通管理

2013 年上半年
试题一 论大型信息系统项目的沟通管理
试题二 论大型信息系统项目的风险管理

2012 年下半年
试题一 论构建信息系统安全策略
试题二 论大型复杂信息系统项目管理

2012 年上半年
试题一 论信息系统项目风险管理
试题二 论信息系统项目可行性分析

2011 年下半年
试题一 论信息系统项目质量控制
试题二 论如何做好项目团队管理

2011 年上半年
试题一 论信息系统成本管理
试题二 论信息系统沟通管理

2010 年下半年
试题一 论大型项目的进度管理
试题二 论多项目的资源管理

2010 年上半年
试题一 论信息系统工程项目的范围管理

试题二　论信息系统工程项目的可行性分析

2009 年下半年
试题一　论信息系统项目的成本管理
试题二　论信息系统项目的需求管理

2009 年上半年
试题一　论软件项目质量管理及其应用
试题二　论大型信息系统项目的风险管理

2008 年下半年
试题一　论项目的采购管理
试题二　论项目的沟通管理

2008 年上半年
试题一　论企业级信息系统项目管理体系的建立
试题二　论项目的质量管理
试题三　论项目的团队建设与绩效考核

2007 年下半年
试题一　论大型项目的计划与监控
试题二　论组织级项目管理的绩效考核
试题三　论评审在项目质量管理过程中的重要作用

2006 年下半年
试题一　论项目的人力资源管理
试题二　论项目的整体管理

2005 年下半年
试题一　论项目的风险管理
试题二　论项目的质量管理

2005 年上半年
试题一　论信息系统项目的需求管理和范围管理

附录C 信息系统项目管理师论文考试答题纸样式

如图C.1和图C.2所示为信息系统项目管理师论文考试答题纸样式。如答题纸样式所示,论文试题的答题纸是印好格子的。摘要和正文按要求是要书写在格子内的。稿纸一般是4页,格子和普通信纸上的格子差不多大小,每行是25个格子,也即每4行共计100个格子,可以写上100个字。摘要有16行可供书写论文,共400(16×25)字,也即字数控制在400字以内。正文在第1页有12行,可以写300个字,第2~4页每页有36行,可写900个字。每12行会有字数提示,提示在格子的左右两边。提示行以300、600或900的形式提示,也即所在行写满是300、600或900字。

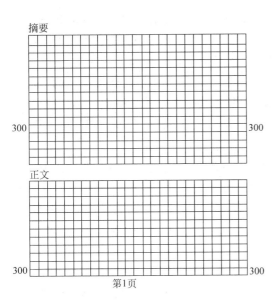

图C.1 信息系统项目管理师论文考试
答题纸样式1

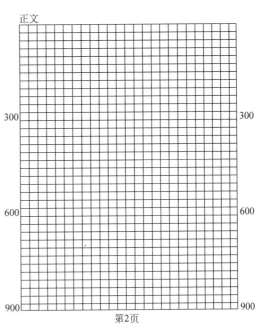

图C.2 信息系统项目管理师论文考试
答题纸样式2

后 记

1. 信息系统项目管理师职业前景宽阔

回顾 2013 年,云计算、大数据、微信、APP、4G 等充斥我们的视野,使得我们的生活发生着前所未有的变化,并且积极地影响着我们的工作和思维方式。据某人力资源网站一年来薪资需求变化数据显示,由于大数据时代的来临,滋生了很多新兴岗位需求,如大数据处理架构师、信息系统安全策划专家、O2O 资深活动策划总监等。高薪高职岗位前十名中与 IT 行业、计算机网络行业相关的岗位包括网络游戏高级主程序开发、电子商务 B2C 运营总监等。我们相信,IT 行业将快马加鞭,锐意创新,不断前行,蓬勃发展。IT 行业对高级人才的需求也会非常旺盛。这些高级人才指的是具有深厚知识技术背景,具备高级工程师管理水平,同时兼备思维纵深度和国际化前瞻视野的才俊。因此,在成就个人职业的道路上,"技术＋管理"水平的整体提升才是硬道理。

信息系统项目管理师考试是由国家人力资源和社会保障部、工业和信息化部领导下的国家级考试,其目的是科学、公正地对全国计算机与软件专业技术人员进行高级工程师职业资格、专业技术资格认定和专业技术水平测试。信息系统项目管理师考试强调"技术＋管理"的充分结合,其专业性、难度水平使得信息系统项目管理师证书不仅获得国内的广泛认可,而且在国际范围也越来越得到重视。在中日韩 IT 考试标准互认资格中,中国的信息系统项目管理师与日本的项目经理相互互认,使得信息系统项目管理师的职业道路更为广阔。

2. 信息系统项目管理师的价值督促备考前行

本书针对信息系统项目管理师考试的论文科目,从考试指南、实践指导、考试指引三部分帮助考生充分掌握论文写作的要领,从容应对论文写作。学习是终身的事情,选择了信息系统项目管理师考试就要认真面对并且做到有始有终,努力实现并顺利完成考试。在学习、备考道路上,遇到困惑、困难的考生们,不要踌躇不前,看看下面这个例子吧,随后反思现状,调整好后续规划,向着美好愿景继续前进。

"英国的约翰·格登荣获得万众瞩目的 2012 年诺贝尔奖生理学或医学奖。令人瞠目的是,诺奖得主一路走来没有想象当中的那么顺风顺水,相反曾经是'差生'。约翰·格登因科学科目的成绩经常排名倒数,被同学讥笑为'科学蠢材',他的老师曾说他是个笨到不应该学科学的小孩。多年这样的境遇,丝毫没有影响到约翰·格登这位未来的诺奖得主对生物科学的炽烈兴趣,他依然被生物学深深吸引,照旧按照自己的规划探索研究。约翰·格登把一份成绩报告单放在办公桌上,偶尔刺激一下自己。'当遇到麻烦,如实验不成功,我就看看这个报告,提醒自己也许并不擅长这个工作。但我要努力,否则真被老师说中了'。就是这样强烈的学习动机,热忱的学习态度,严谨的科学精神,锲而不舍的研究方式,不断督促引领约翰·格登的前行,发展自己的兴趣,实现自己的理想,最终成就自己为顶尖大学的诺奖教授,引领人类文明的发现。"

上面的故事说明了两个道理：第一，越是被嘲笑的梦想，越有实现的价值。第二，这个世界会为那些不停努力的人打开幸福的大门。所以，信息系统项目管理师备考中遇到困惑和困难时，记得信息系统项目管理师的价值，它将是大家前行的源源动力。行动起来，就让困惑和困难来见证考验我们的恒心和耐力吧。

3. 信息系统项目管理师的素养激励再攀高峰

诺贝尔经济学奖获得者、瑞典科学家赫伯特·西蒙和埃里克森提出的十年法则指出："要在任何领域成为大师，一般需要约 10 年的艰苦努力。"

信息系统项目管理师考试是通往高级项目经理职业道路上的一个阶段，需要不断地学习，总结思路，再接再厉，以便争取更大的成功，成为名副其实的高级项目经理。考试顺利通过了，获得了信息系统项目管理师证书，只是一个阶段性的记号而已，其实并没有多大的意义，关键是在这之后的道路上你会怎么样。是回头望，慢慢走，还是向前跑。通过考试后，应该充分挖掘自己的兴趣和爱好，发挥自己的能力和专长，尽量做到兴趣与专长结合，钻研开发技术与领域前沿，坚持理论联系实践，多做科学研究与项目管理，从而实现下一个更大的目标，争取更大的成功。

参 考 文 献

[1] 柳纯录.信息系统项目管理师教程.第2版.北京:清华大学出版社,2008.
[2] 张友生.信息系统项目管理师考试辅导教程.北京:电子工业出版社,2012.
[3] 郭春柱.信息系统项目管理师考试考点分析与真题详解.北京:电子工业出版社,2012.
[4] 张友生.信息系统项目管理师考试全程指导.北京:电子工业出版社,2012.
[5] 全国计算机技术与软件专业技术资格(水平)考试办公室.2005年上半年试题分析与解答.北京:清华大学出版社,2005.
[6] 全国计算机技术与软件专业技术资格(水平)考试办公室.2005年下半年试题分析与解答.北京:清华大学出版社,2005.
[7] 全国计算机技术与软件专业技术资格(水平)考试办公室.2006年上半年试题分析与解答.北京:清华大学出版社,2006.
[8] 全国计算机技术与软件专业技术资格(水平)考试办公室.2006年下半年试题分析与解答.北京:清华大学出版社,2006.
[9] 全国计算机技术与软件专业技术资格(水平)考试办公室.2007年上半年试题分析与解答.北京:清华大学出版社,2007.
[10] 全国计算机技术与软件专业技术资格(水平)考试办公室.2007年下半年试题分析与解答.北京:清华大学出版社,2007.
[11] 全国计算机技术与软件专业技术资格(水平)考试办公室.2008年上半年试题分析与解答.北京:清华大学出版社,2008.
[12] 全国计算机技术与软件专业技术资格(水平)考试办公室.2008年下半年试题分析与解答.北京:清华大学出版社,2008.
[13] 全国计算机技术与软件专业技术资格(水平)考试办公室.2009年上半年试题分析与解答.北京:清华大学出版社,2009.
[14] 全国计算机技术与软件专业技术资格(水平)考试办公室.2009年下半年试题分析与解答.北京:清华大学出版社,2009.
[15] 全国计算机技术与软件专业技术资格(水平)考试办公室.2010年上半年试题分析与解答.北京:清华大学出版社,2010.
[16] 全国计算机技术与软件专业技术资格(水平)考试办公室.2010年下半年试题分析与解答.北京:清华大学出版社,2010.
[17] 全国计算机技术与软件专业技术资格(水平)考试办公室.2011年上半年试题分析与解答.北京:清华大学出版社,2011.
[18] 全国计算机技术与软件专业技术资格(水平)考试办公室.2011年下半年试题分析与解答.北京:清华大学出版社,2011.
[19] 全国计算机技术与软件专业技术资格(水平)考试办公室.2012年上半年试题分析与解答.北京:清华大学出版社,2012.
[20] 全国计算机技术与软件专业技术资格(水平)考试办公室.2012年下半年试题分析与解答.北京:清华大学出版社,2012.

［21］ 卢有杰,王勇.项目管理知识体系指南.第3版.北京：电子工业出版社,2005.
［22］ 白思俊.现代项目管理.北京：机械工业出版社,2004.
［23］ 戚安邦.项目管理学.天津：南开大学出版社,2003.
［24］ 全国计算机与软件专业技术资格(水平)考试办公室.信息系统项目管理师考试大纲.北京：清华大学出版社,2005.
［25］ 汪小金.汪博士解读PMP考试.第2版.北京：电子工业出版社,2009.
［26］ 柴彭颐.项目管理.北京：中国人民大学出版社,2009.